社交电商运营

（初级）

葛永明　徐　刚　主　编
孙红菊　陆志良　王雪宜　胡晓丽　副主编

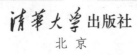

清华大学出版社

北京

内 容 简 介

本书以 1+X 证书制度的《社交电商运营职业技能等级标准》为核心，聚焦社交电子商务应用企业和服务企业的社交电商产品运营、内容运营、用户运营、社群运营、网络直播运营、媒体营销等社交电商专员岗位，基于岗位职业能力分析，构建社交电商运营核心技能，从而确定课程内容。

本书包括社交电商信息收集与调研、社交营销页面设计与发布、社群营销内容制作与发布、社交平台用户触达与分类、社群粉丝互动与管理五个模块。通过本书学习，学习者能够从互联网技术、移动商务、网络营销、新媒体营销和信息管理等多学科角度，了解和掌握社交电商运营的基本理论和操作技能，能利用专业知识解决社交电商运营过程中的实际问题。

本书结构清晰、图例丰富、案例翔实，且包含大量数字化资源，既可作为中高等职业院校、应用型本科院校电子商务、市场营销、工商企业管理等专业的教材，又可作为社交电商运营培训教材，还可作为社群运营、电商运营等从业人员的自学用书。

本书封面贴有清华大学出版社防伪标签，无标签者不得销售。
版权所有，侵权必究。举报：010-62782989，beiqinquan@tup.tsinghua.edu.cn。

图书在版编目（CIP）数据

社交电商运营：初级 / 葛永明，徐刚主编．— 北京：清华大学出版社，2022.2（2024.2重印）
ISBN 978-7-302-59921-0

Ⅰ．①社… Ⅱ．①葛… ②徐… Ⅲ．①电子商务—运营管理 Ⅳ．① F713.365.1

中国版本图书馆 CIP 数据核字（2022）第 011749 号

责任编辑：左卫霞
封面设计：傅瑞学
责任校对：刘　静
责任印制：丛怀宇

出版发行：清华大学出版社
网　　址：https://www.tup.com.cn, https://www.wqxuetang.com
地　　址：北京清华大学学研大厦A座　　　　邮　编：100084
社 总 机：010-83470000　　　　　　　　　　邮　购：010-62786544
投稿与读者服务：010-62776969, c-service@tup.tsinghua.edu.cn
质量反馈：010-62772015, zhiliang@tup.tsinghua.edu.cn
课件下载：https://www.tup.com.cn, 010-83470410

印 装 者：三河市君旺印务有限公司
经　　销：全国新华书店
开　　本：185mm×260mm　　印　张：15　　字　数：353千字
版　　次：2022年4月第1版　　　　　　　　印　次：2024年2月第2次印刷
定　　价：48.00元

产品编号：094702-01

社交电商运营
1+X职业技能等级证书配套系列教材
编写委员会

顾　　问：
　　　　　陈　健　商务部
　　　　　张丽君　中国商业联合会
　　　　　王成荣　中国商业经济学会

主 任 编 委：
　　　　　王　鑫　山东商业职业技术学院
　　　　　张明明　哈尔滨职业技术学院
　　　　　孙红菊　财天下科技有限公司
　　　　　张　峰　北京联合大学
　　　　　周爱荣　黄河水利职业技术学院
　　　　　李海霞　中山火炬职业技术学院
　　　　　郑山水　广州铁路职业技术学院

副主任编委：
　　　　　郭　黎　武汉软件工程职业学院
　　　　　张　慧　北京财贸职业学院
　　　　　李志刚　北京电子科技职业学院
　　　　　袁　鑫　湖南商务职业技术学院
　　　　　杨子武　长沙商贸旅游职业技术学院
　　　　　李虹贤　大理农林职业技术学院

委　　员：（按姓氏拼音排序）
　　　　　艾于兰　广东科贸职业学院
　　　　　毕思勇　淄博职业学院
　　　　　陈　晨　杭州科技职业技术学院
　　　　　陈道志　北京联合大学
　　　　　陈慧敏　上海月米网络科技有限公司

程越敏	四川省成都市财贸职业高级中学校
丁　莎	武汉市财政学校
窦雪霞	河南职业技术学院
方　娇	陕西省第二商贸学校
冯江华	上海电子信息职业技术学院
高　洁	金华职业技术学院
葛永明	浙江机电职业技术学院
勾俊伟	天津勾勾科技有限公司
韩恩健	山东水利职业学院
韩　英	晋中职业技术学院
洪俊国	芜湖职业技术学院
胡　伟	上海城建职业学院
胡晓丽	河南省经济管理学校
黄　涛	广西金融职业技术学院
黄志平	重庆电子工程职业学院
贾桂花	产学通智能科技有限公司
金川涵	金华职业技术学院
李丽芳	河北交通职业技术学院
李琳娜	海南职业技术学校
李　敏	山东电子职业技术学院
李晓婧	山西青年职业学院
李玉梅	河南工业贸易职业学院
梁晓晓	广西物流职业技术学院
林长根	吉林财经学校
林小兰	北京信息职业技术学院
刘邵君	武汉职业技术学院
刘喜敏	吉林交通职业技术学院
陆志良	广州市番禺区职业技术学校
罗红兰	晋中职业技术学院
罗　宁	广西经贸职业技术学院
马成旭	宁夏财经职业技术学院
马天有	浙江金融职业学院
宁良强	临沂职业学院

欧阳驹	浙江育英职业技术学院
乔　刚	上海震旦职业学院
乔晓刚	山西青年职业学院
邱浩然	青岛职业技术学院
邱　琳	广西机电职业技术学院
沈丽伟	北京市丰台区职业教育中心学校
沈弥雷	浙江工商职业技术学院
时应峰	江苏经贸职业技术学院
宋民冬	河南信息统计职业学院
孙亚洲	平顶山工业职业技术学院
孙宜彬	山东劳动职业技术学院
谈黎虹	浙江经济职业技术学院
童红斌	浙江经贸职业技术学院
童永通	金华广播电视大学（浙江商贸学校）
王　翠	苏州经贸职业技术学院
王东成	靖远县职业中等专业学校
王红蕾	北京市商业学校
王冀川	上海城建职业技术学院
王继升	临沂职业学院
王若军	北京经济管理职业学院
王　薇	北京信息职业技术学院
王　伟	芜湖职业技术学院
王雪宜	威海职业学院
吴洪贵	江苏经贸职业技术学院
吴明圣	南通职业大学
夏　曼	广西职业技术学院
夏名首	安徽商贸职业技术学院
许　菁	山西工程职业学院
许明星	安徽财贸职业学院
杨　路	江苏食品药品职业技术学院
杨晓黎	青岛职业技术学院
杨泳波	浙江经济职业技术学院
姚大伟	上海思博职业技术学院

俞洋洋	襄阳职业技术学院
张　波	天津职业技术师范大学
张　弛	深圳胡桃帮帮文化有限公司
张红艳	北京财贸职业学院
张　莉	四川商务职业学院
张　淼	广东轻工职业技术学院
张赠富	闽西职业技术学院
张枝军	浙江商业职业技术学院
赵　苗	武汉软件工程职业学院
赵莺燕	宁波职业技术学院
周金铁	福建省互联网零售行业协会
周任慧	兰州石化职业技术学院
周雅顺	甘肃财贸职业学院
朱衍红	中联集团教育科技有限公司

前　言

一、社交电商与社交电商运营

　　世界经济正向数字化转型，大力发展数字经济成为全球共识。党的十九大报告明确提出要建设"数字中国""网络强国"，我国数字经济发展进入新阶段，市场规模位居全球第二位，数字经济与实体经济深度融合，有力促进了供给侧结构性改革。电子商务是数字经济的重要组成部分，是数字经济最活跃、最集中的表现形式之一。在政府和市场共同推动下，我国电子商务发展更加注重效率、质量和创新，取得了一系列新的进展，在壮大数字经济、共建"一带一路"、助力乡村振兴、带动创新创业、促进经济转型升级等诸多方面发挥了重要作用，成为我国经济增长的新动力。

　　经过近20年的高速发展，中国传统电商行业已从一个初生的婴儿走向成熟的中年，以天猫、京东、唯品会等为代表的传统主流电商平台用户增速已持续放缓至20%，甚至更低的水平。无论对电商平台还是商户，都面临着竞争日益激烈、获客成本不断攀升的困境，亟待找到更高效、低价、黏性更强的流量来源。

　　随着新一轮科技革命和产业变革加速演进，互联网、5G、人工智能、大数据、云计算等关联产业融合发展。在这一技术背景下，社交电商通过创新思维、方法、技术与工具，以信息技术促进行业数字化转型，推动实现行业专业化、标准化、数字化的新发展目标，适应我国数字经济发展的需要。

　　社交电商是社会发展的新需求。新冠肺炎疫情的突然出现，"无接触"式的居家生活让人们的线下社交活动急剧减少，以社交电商为代表的新经济模式平复了社会焦虑，推动了经济发展，创造了新的就业，让全社会首次对社交电商有了全新认知。社交电商表现出强大的社会正能量，在优化资源配置、促进跨界融合发展方面发挥了重要作用。

　　社交电商是指基于社群生态和社交网络体系，以信任为核心的社交型交易模式。社交电商运营以人为中心，依托社交网络信任链，借助互联网社交工具，融入关注、分享、互动等社交元素，通过打造社群生态和社交网络体系，构建以信任为基础的社交电商生态，创造新价值。社交电商本质上是电商行业营销模式与销售渠道的一种创新，社交网络已不再局限于信息传递，而是通过构建社群生态、打造社交网络体系信任链，形成更强大的社交网络体系价值链，如图1所示。通过社交构建并扩大社群用户规模，提升用户黏性，产生用户真实需求，根据用户需求定制产品和服务，进而拉动生产环节，带动整个可信任供应链的良性循环，从而形成全新的社交商务模式。

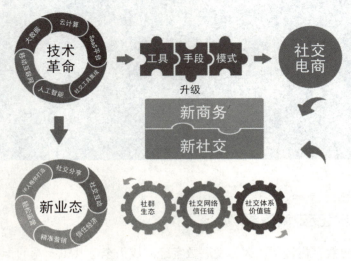

图 1　社交网络体系价值链

二、社交电商运营平台

社交电商运营平台综合运用大数据、人工智能、移动互联网等新一代信息技术，借助全流程的电商平台及社交工具，真实还原业务场景，构建具有场景真、覆盖广、技术新等特点，集网店营销、电商直播、社交工具应用、商务数据分析等功能为一体的社交电商运营综合实战平台。

社交电商运营平台按企业真实业务流程对业务环节各岗位进行专业化打造，整合微信、微博、H5、直播等工具，构建跨平台、跨流程、跨业务、跨区域的专业化社交电商运营业态，大幅提高工作效率；通过智能化、共享化、规模化、真实化的训练，让学习者快速掌握新技术、新模式、新业态背景下社交电商专项业务工作。社交电商运营平台工作流程如图 2 所示。

三、《社交电商运营职业技能等级标准》及其培训资源

《社交电商运营职业技能等级标准》立足于"1+X"作为职业教育制度设计这一根本，校准"X"对"1"进行"补充、拓展、深化"的基本定位，着力围绕数字经济时代国家需要、市场需求和学习者就业从业能力提升，以行业龙头企业和典型平台、典型业态为背景，以学习者为中心，开展"书证"融合、课程融合、场景融合、教培融合、产教融合，并服务于院校专业建设、课程建设、教师队伍建设，深化"三教改革"。

《社交电商运营职业技能等级标准》聚焦行业职业岗位群，通过打造社群生态和社交网络体系，构建以信任为基础的社交电商生态，基于社交网络信任链，对产品和服务进行策划、推广、运营。社交电商运营 1+X 职业技能等级证书突出社交电商分享、交互、互动、信任、精准投递等业务特点，打通电子商务类专业和市场营销类专业的培养界限，以"社交+商务""社交+营销""社交+运营"等创新形式，着力培养大批"善社交、精商务、懂营销、长运营"的复合创新升级型技能人才，服务于电商行业数字营销和新商务、新社交的创新发展。

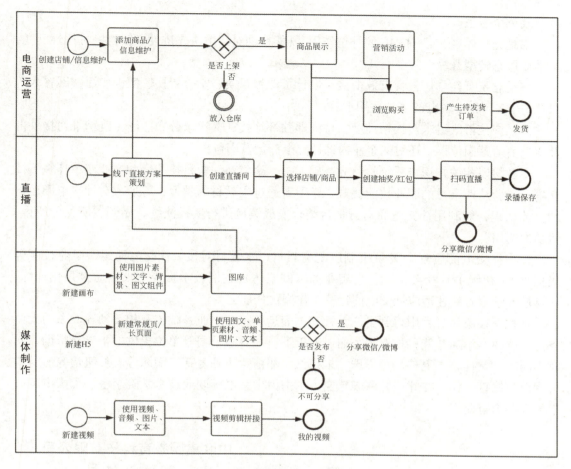

图 2　社交电商运营平台的工作流程

《社交电商运营职业技能等级标准》依据实际应用中不同层级的要求，基于社交电商运营真实业务所涉领域相关工作顺序与技能复杂程度进行划分，将能力层次分为初级、中级、高级三个级别，精准对接社交电商相关岗位群，贯通项目调研、产品打造、营销内容设计制作、用户粉丝运营管理、社群运营管理、总结分析与复盘等业务过程。初级证书标准，定位为基础操作技能型应用，聚焦社交电商信息收集与调研、社交营销页面设计与发布、社群营销内容制作与发布、社交平台用户触达与分类、社群粉丝互动与管理等工作领域；中级证书标准，定位为进阶技能型应用，聚焦社交电商产品规划、社交电商内容策划、社交电商营销与传播、社交电商转化与复购、社交电商数据分析等工作领域；高级证书标准，定位为高阶管理决策型应用，聚焦社交电商运营规划、社交电商团队组建、社交电商考核评价、社交电商方案设计等工作领域。

按照《社交电商运营职业技能等级标准》初级、中级、高级划分原则开发相应的培训教材，完成标准、教材、培训考核评价平台、考核大纲等资源一体化开发，并对培训指导方法、培训评价站点、培训评价办法等培训条件和制度办法进行系统化设计。

《社交电商运营职业技能等级标准》和本系列教材、资源有以下几个显著特点。

一是等级标准设计在院校内运用场景覆盖中职、高职、应用型本科，有效服务于"1+X"

制度改革全覆盖。

二是充分体现"X"对"1"的补位作用,既能精准对岗解决先进性、适时性、好用性问题,又推动业态转型升级。

三是立足于与学历教育有效衔接,设计了课程置换、学分置换、实训实习实践置入等"1"与"X"完全融合的多种适用形式。

四是岗位群既讲求对接精准度,持证即独怀绝技,又讲求分布广泛;既精准对接外部社交电商运营岗位群,还对岗企业内部社交电商运营岗位群。

本教材以相关知识点系统学习为基础前提,聚焦新一轮科技革命和产业变革环境下社交电商运营从业人员的职业技能提升。学习者通过本教材的学习,可形成对社交电商运营的立体认识,能利用社交电商运营平台结合实战案例进行实操演练,做到"所见即所得、所学即所用"。

作为社交电商运营 1+X 证书制度配套教材,本教材对接《社交电商运营职业技能等级标准》(初级)及社会实际,真实业务示例或仿真案例教学贯穿全书,通过强化训练,能够培养学习者快速适应社交电商运营工作岗位任职需要。

本教材在编写过程中得到了广大社交电商运营行业企业、院校及相关领导专家的大力支持,感谢产学通智能科技有限公司、财天下科技有限公司等单位提供的指导与帮助,同时李丽芳、贾桂花、卫玮、黄华珠、朱衍红、邓倩萍、陈麦莉、陶海蓉、林凯怡等参与本书撰稿与修订工作,在此一并深表感谢。本书由山东电子职业技术学院李敏、重庆市工业学校汤冬梅审稿。

中联集团教育科技有限公司

2021 年 11 月

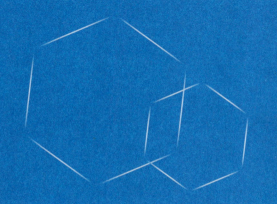

目 录

■ 工作领域一　社交电商信息收集与调研　　1

任务一　收集与调研社交电商平台信息 / 2
任务情境 / 2
　　子任务一　调研社交电商平台分类与运营特点 / 4
　　子任务二　调研社交电商平台运营规则与收费标准 / 8
　　子任务三　撰写社交电商平台调研报告 / 10

任务二　收集与调研社交电商行业信息 / 13
任务情境 / 13
　　子任务一　调研社交电商行业发展状况 / 14
　　子任务二　调研社交电商行业趋势 / 18
　　子任务三　撰写社交电商行业调研报告 / 26

任务三　收集与调研社交电商竞争对手信息 / 28
任务情境 / 28
　　子任务一　调研社交电商竞争对手信息 / 29
　　子任务二　撰写社交电商竞争对手调研报告 / 38

■ 工作领域二　社交营销页面设计与发布　　41

任务一　设计与发布营销主页面 / 42
任务情境 / 42
　　子任务一　设计与制作 Logo 和头像 / 44
　　子任务二　设计与制作核心视觉记忆点 / 49
　　子任务三　设计与发布微商城首页 / 54

任务二　设计与发布产品页面　/　59
　任务情境　/　59
　　子任务一　设计与制作产品封面图和主图　/　61
　　子任务二　设计与制作产品详情页　/　68
　　子任务三　设计产品包装展开图　/　72
任务三　设计与发布推广页面　/　76
　任务情境　/　76
　　子任务一　设计与发布活动海报　/　80
　　子任务二　设计与发布推广落地页　/　84
　　子任务三　设计与发布裂变海报　/　87

工作领域三　社群营销内容制作与发布　91

任务一　制作与发布图文内容　/　92
　任务情境　/　92
　　子任务一　收集与归类图文素材　/　97
　　子任务二　编写产品软文文案　/　101
　　子任务三　制作与发布信息长图　/　106
任务二　制作与发布短视频内容　/　109
　任务情境　/　109
　　子任务一　制作与拍摄短视频脚本　/　112
　　子任务二　剪辑与拼接短视频素材　/　115
　　子任务三　制作与发布短视频后期特效和字幕　/　118
任务三　准备直播内容与开播　/　122
　任务情境　/　122
　　子任务一　搭建与布置直播场景　/　123
　　子任务二　制作直播脚本及设计直播话术　/　126
　　子任务三　设计与实施直播活动　/　129
任务四　制作与发布其他内容　/　134
　任务情境　/　134
　　子任务一　制作与发布二维码　/　137
　　子任务二　制作与发布 H5 场景　/　140

工作领域四　社交平台用户触达与分类　　143

任务一　编写与制订触达计划 / 144

任务情境 / 144

子任务一　制定触达人群标签 / 150

子任务二　确定触达话术 / 154

子任务三　制订用户触达计划 / 159

任务二　触达与拉新平台用户 / 164

任务情境 / 164

子任务一　触达私域平台用户 / 167

子任务二　触达问答类平台用户 / 172

子任务三　触达音视频类平台用户 / 175

子任务四　触达生活方式类平台用户 / 178

任务三　社交用户分类与建群 / 182

任务情境 / 182

子任务一　用户分类 / 186

子任务二　细化用户标签和需求 / 191

子任务三　新用户分类建群 / 195

工作领域五　社群粉丝互动与管理　　201

任务一　粉丝留存与活跃 / 202

任务情境 / 202

子任务一　执行粉丝打卡机制 / 203

子任务二　提升新粉丝留存率与活跃度 / 207

子任务三　提升社群价值 / 210

任务二　维护与管理社群 / 213

任务情境 / 213

子任务一　设置与使用群机器人 / 214

子任务二　设置与使用社群客服话术 / 218

子任务三　创建与管理知识库 / 222

工作领域一
社交电商信息收集与调研

学习目标

1. 知识目标

（1）熟悉社交电商的定义。
（2）理解社交电商下的"人、货、场"新定义。
（3）熟悉社交电商的5个模式。
（4）熟悉典型社交电商平台。
（5）熟悉人群画像定义。
（6）了解社交电商行业发展状况。
（7）掌握社交电商行业调研工具。
（8）掌握趋势指数工具。
（9）掌握社交电商指数工具。
（10）了解调研报告应该遵循的原则。
（11）掌握国内咨询机构网站数据报告列表。
（12）掌握国家机构公开数据网站。
（13）掌握数据分析工具。

2. 技能目标

（1）能够对社交电商平台分类，并对其盈利模式归纳总结。
（2）能够调研并总结各平台的经营亮点、用户特征及人群结构。
（3）能够调研并总结各平台入驻、产品销售、内容创作等基本规则及各平台不可逾越和违反的红线规则。
（4）能够调研并总结各平台的收费标准、扣点规则及佣金奖励规则。
（5）能够撰写包含社交电商平台盈利模式、规则、玩法等内容的调研报告。

（6）能够运用网络及相关工具搜索、查阅、调查、汇总社交电商某个行业的发展状况。

（7）能够运用相关趋势指数工具调研、整理某个行业的搜索热度、变化趋势、热搜关键词、热搜属性等内容。

（8）能够撰写典型行业的社交电商行业调研报告。

（9）能够搜索、调研、分析竞争者的获客渠道。

（10）能够收集、调研、汇总竞争者的产品体系、属性参数、定价规则、裂变规则等内容。

（11）能够撰写企业或品牌的社交电商竞争情况调研报告。

（12）能根据任务要求进行社交电商相关调研。

3. 素养目标

（1）培养诚信经营的精神。

（2）培养传播正能量的社会责任感。

（3）树立正确的法律意识。

（4）培养工匠精神。

任务一　收集与调研社交电商平台信息

任务情境

唐韵温泉近年开始试运营社交电商，但经验不足，需要调研与整理社交电商平台分类、盈利模式、平台运营特点、平台运营规则、平台收费标准及规则等，并撰写一份包含社交电商平台盈利模式、规则、玩法等内容的调研报告。

1. 现状分析

唐韵温泉早在 2015 年就打造了自己的独立网站和会员系统"唐掌柜"；唐韵温泉准备尝试社交电商运营，2019 年在小程序兴起时设计搭建了自己的小程序平台"唐韵温泉"；2020 年开通了抖音账号"唐韵温泉度假村"；在去哪儿网上开设小店进行客房销售。

抖音平台：唐韵温泉度假村在抖音上开设了账号，目前状态是 6 个赞、15 个关注、16 位粉丝、已发布两个视频，如图 1-1 所示。唐韵温泉度假村抖音账号处于刚开通状态。

去哪儿网：在去哪儿网上开设小店进行客房销售，并且有持续的订单。目前状态是金华情侣出行榜第三名，评分 4.8，971 条点评，如图 1-2 所示。唐韵温泉店处于社交电商刚起步阶段。

目前已开展的抖音、小程序、去哪儿小店运营情况不理想，是因为唐韵温泉的社交电商团队对社交电商平台分类、盈利模式、规则、玩法等完全不了解。

2. 存在问题

唐韵温泉的社交电商团队刚组建，目前最大的问题在于团队没有运营经验，也缺乏对社交电商的整体认识，具体问题如下。

图 1-1　抖音官网

图 1-2　去哪儿小店

（1）唐韵团队不了解已开设的抖音、小程序、去哪儿小店等平台属于哪一种平台分类，也不了解其盈利模式。

（2）从抖音、小程序目前的运营状态来看，没有经营亮点，也没有对客源进行用户特征及人群结构分析。

（3）其他平台没有入驻，是因为没有充分了解平台的入驻规则、产品销售规则、内容创作规则等基本规则。同时也没有总结各平台的收费标准、扣点规则及佣金奖励规则。

3. 破局之法

为了解决唐韵温泉团队社交电商运营存在的问题，唐韵团队需要开展社交电商平台信息收集与调研。

（1）调研社交电商平台分类与运营特点。唐韵团队通过搜索引擎、官方网站查询等方法对社交电商平台进行调研，并对社交电商平台进行分类，如拼购型、会员分销型、社区团购型等，对社交电商平台盈利模式、经营亮点、用户特征及人群结构进行整理归纳。唐韵温泉度假村可以结合自身特点，有针对性地运营各类社交电商平台。

（2）调研社交电商平台运营规则与收费标准。唐韵团队通过搜索引擎、官方网站查询等方法对社交电商平台进行调研，总结各平台的入驻规则、产品销售规则、内容创作规则、红线规则等；归纳总结各平台的收费标准、扣点规则及佣金奖励规则。唐韵温泉度假村可以结合自身情况做好进驻各类社交电商平台的准备。

（3）撰写社交电商平台调研报告。为更好地开展后续社交电商运营，唐韵团队需要对社交电商平台盈利模式、规则、玩法等内容进行调研，并撰写社交电商平台调研报告。

■ 子任务一　调研社交电商平台分类与运营特点

一、任务准备

（一）知识准备

知识点一：社交电商

社交电商（social e-commerce）是基于社群生态和社交网络体系，以信任为核心的社交型交易模式。社交电商是依托社交网络信任链，借助互联网社交工具，融入关注、分享、沟通、讨论、互动等社交元素的商务活动。社交电商是建立在社交关系基础上，通过社交活动、内容分享等方式低成本获取流量，最终实现商业变现的创新型电商模式。其本质是社交媒体的商业化与传统电子商务的社交化。

典型社交电商平台

知识点二：社交电商模式

社交电商模式（social e-commerce model）是指社交化环境中基于社交渠道、社交互动和社交内容的商务运作方式和盈利模式。其具体细分为拼购型、会员分销型、社区团购型、内容分享型、网红直播型等模式。

社交电商模式

（二）操作准备

（1）准备能连通互联网的计算机，包括浏览器、Office 软件。

（2）准备能连通互联网的手机，并确保有足够空间与流量，能下载与安装各种社交电商平台（App）。

（3）安装拼多多、抖音、小红书、云集、橙心优选等平台（App），并注册与试用。

平台（App）注册与试用如表 1-1 所示。

表 1-1　平台（App）注册与试用

序号	平台（App）	试用感受
1		
2		
3		
4		
5		

（4）通过互联网或身边的朋友统计常用的社交电商平台（App），并写下来。

（三）任务要领

（1）熟知社交电商平台的分类及主要特征，并注意有些平台（App）功能强大，可能同时包含在多种分类中。

（2）熟知百度、360等搜索引擎网站的搜索技巧。

> **重要提示**
> - 把搜索范围限定在网页标题中——intitle：标题。
> - 把搜索范围限定在特定站点中——site：站名。
> - 把搜索范围限定在url链接中——inurl：链接。
> - 精确匹配——双引号""和书名号《》。
> - 要求搜索结果中同时包含或不含特定查询词——"+""–"（减）。
> - 专业文档搜索——filetype: 文档格式。
> - 比较检索是指在多个关键词中，利用逗号将不同的关键词隔开，可以实现关键词数据的比较查询。
> - 累加检索是指在多个关键词中，利用加号将不同的关键词相连接，可以实现不同关键词数据相加，相加后的汇总数据作为一个组合关键词展现出来。
> - 组合检索可以将"比较检索"和"累加检索"组合使用。
> - 地域检索是指每一组关键词都可以通过地区筛选不同省份的关键词搜索数据，百度指数最多支持5个地区对比检索。

（3）社交电商平台的特征描述通常可以在官网的简介、App市场的应用介绍中找到。

（4）用户画像八要素（PERSONAL）如下。

P代表基本性（primary）：该用户角色是否基于对真实用户的情景访谈。

E代表同理性（empathy）：用户角色中包含姓名、照片和产品相关的描述，该用户角色是否引起同理心。

R代表真实性（realistic）：对那些每天与用户打交道的人来说，用户角色是否看起来像真实人物。

S代表独特性（singular）：每个用户是否是独特的，彼此很少有相似性。

O代表目标性（objectives）：该用户角色是否包含与产品相关的高层次目标，是否包含关键词来描述该目标。

N代表数量性（number）：用户角色的数量是否足够少，以便设计团队能记住每个用户角色的姓名，以及其中的一个主要用户角色。

A代表应用性（applicable）：设计团队是否能使用用户角色作为一种实用工具进行设计决策。

L代表长久性（long）：用户标签的长久性。

（四）任务流程

子任务一调研社交电商平台分类与运营特点操作流程如图1-3所示。

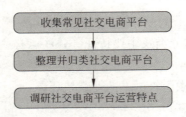

图1-3　子任务一调研社交电商平台分类与运营特点操作流程

二、任务操作

操作要求：调研与整理常见的社交电商平台（App），并对平台分类，总结社交电商各模式的主要特征、目标客户的人群结构、运营方式等。

步骤一：收集常见社交电商平台

通过搜索引擎、调查等方法，调查与整理主流的社交电商平台与App，并列出平台名称和平台特征，总数不低于20个。可以通过搜索引擎与手机App市场进行收集。

常见的社交电商平台与App调查如表1-2所示。

表1-2　常见的社交电商平台与App调查

序号	平台（App）名称	平台特征描述
1	拼多多	平台以社交拼团为核心模式，以"好货不贵"为运营理念，为消费者提供补贴折扣大牌商品、原产地农产品、工厂产品和新品牌商品等
2		
3		
4		
5		
6		
7		
8		
9		
10		
11		
12		
13		
14		
15		
16		
17		
18		
19		
20		
21		

步骤二：整理并归类社交电商平台

根据社交电商模式的特征将上述社交电商平台（App）进行归类。每一模式至少填 3 个。整理归类前，熟知社交电商的 5 个平台模式分类及主要特征。

电商平台与 App 归类如表 1-3 所示。

表 1-3　电商平台与 App 归类

社交电商模式	平台（App）名称
拼购型	
会员分销型	
社区团购型	
内容分享型	
网红直播型	

步骤三：调研社交电商平台运营特点

对 5 个社交电商平台模式的典型平台进行深入调研，总结它们的主要用户特征、人群结构、运营模式（盈利模式）。

可以结合知识准备的内容，通过典型平台总结出用户特征、人群结构、运营模式（盈利模式）。

社交电商模式特点如表 1-4 所示。

表 1-4　社交电商模式特点

社交电商模式	典型平台	用户特征	人群结构	运营模式（盈利模式）
拼购型				
会员分销型				
社区团购型				
内容分享型				
网红直播型				

三、任务评价

子任务一调研社交电商平台分类与运营特点评价如表 1-5 所示。

表 1-5　子任务一调研社交电商平台分类与运营特点评价

编号	任务名称	分值	正确率/%	得分
1	收集常见社交电商平台	30		
2	整理并归类社交电商平台	30		
3	调研社交电商平台运营特点	40		
	合计	100		

■ 子任务二　调研社交电商平台运营规则与收费标准

一、任务准备

（一）知识准备

知识点一：社交电商平台规则

社交电商平台规则主要有入驻规则、产品销售规则、内容创作规则、红线规则、扣点规则及佣金奖励规则等。

知识点二：社交电商平台盈利模式

社交电商平台盈利模式差异明显，但以吸粉、留存、变现为基本模式。

社交电商平台规则　　社交电商平台盈利模式

（二）操作准备

（1）准备能连通互联网的计算机、手机、Office 软件。

（2）需要安装拼多多、云集、小红书、抖音等 App。

（三）任务要领

（1）熟知拼购型、会员分销型、社区团购型、内容分享型、网红直播型平台特点。

（2）能熟练使用互联网搜索工具对社交电商平台运营规则与收费标准进行查询。

（四）任务流程

子任务二调研社交电商平台运营规则与收费标准操作流程如图1-4所示。

图1-4　子任务二调研社交电商平台运营规则与收费标准操作流程

二、任务操作

操作要求：唐韵温泉度假村准备进驻各类社交平台，需要进一步对各平台的收费标准、扣点规则及佣金奖励规则进行调研。拟定各社交电商模式的典型平台，如拼多多、云集、橙心优选、小红书、抖音。实操过程中也可以自定义典型平台。

操作提示：不是所有平台都同时设定收费标准、扣点规则及佣金奖励规则，有些平台不设定某一标准或规则。

步骤一：调研社交平台收费标准

采用搜索官网、搜索引擎、调查等方法，调查与整理社交平台收费标准，并填写表1-6。

例如，拼多多主要收费标准：个人店铺虚拟类目保证金10000元，其他各类目的店铺保证金均为2000元；企业店铺虚拟类目保证金10000元，其他各类目的店铺保证金均为1000元。

表1-6 收费标准

社交电商模式	典型平台	收费标准
拼购型		
会员分销型		
社区团购型		
内容分享型		
网红直播型		

步骤二：调研社交平台扣点规则

按照官方入驻说明，整理社交平台扣点规则，并填写表1-7。

例如，小红书主要扣点规则：佣金率下降至5%，针对好物推荐带来的成交，小红书平台实际收取的基础佣金率下降为3%。

表1-7 扣点规则

社交电商模式	典型平台	扣点规则
拼购型		
会员分销型		
社区团购型		
内容分享型		
网红直播型		

步骤三：调研社交平台佣金奖励规则

按照官方入驻说明，整理社交平台佣金奖励规则，并填写表1-8。

例如，云集主要佣金奖励规则：微店店主佣金10%~40%，邀请店主是销售提成的15%。邀请他人成为店主则有60云币。

表1-8 佣金奖励规则

社交电商模式	典型平台	佣金奖励规则
拼购型		
会员分销型		
社区团购型		
内容分享型		
网红直播型		

三、任务评价

子任务二调研社交电商平台运营规则与收费标准评分见表 1-9。

表 1-9　子任务二调研社交电商平台运营规则与收费标准评分

编号	任 务 名 称	分　值	正确率 /%	得　分
1	调研社交平台收费标准	30		
2	调研社交平台扣点规则	35		
3	调研社交平台佣金奖励规则	35		
	合　　计	100		

■ 子任务三　撰写社交电商平台调研报告

一、任务准备

（一）知识准备

知识点一：调研

调研就是通过用户访谈、调查问卷、试用体验、市场竞争分析、抽样测试、对比试验等手段，来获取某个产品或需求点的关键数据，并对数据进行统计、分析、总结，从而为产品决策提供思路和依据。调研是手段，目的是解决问题、帮助决策。调研方法有文献调查法、座谈会、个案访谈法、典型调查法、问卷抽样调查法等。

调研的基本流程

知识点二：调研报告

调研报告是对某一情况、某一事件、某一经验或问题，经过在实践中对其客观实际情况的调查了解，将调查了解到的全部情况和材料进行"去粗取精、去伪存真、由此及彼、由表及里"的分析研究，揭示出本质，以书面形式陈述出来，是应用写作的重要文种。调研报告主要由标题、摘要、目录、背景和引言、方法论、对调查结果的分析、结论和建议、文献综述、附录组成。

调研报告具体结构

（二）操作准备

（1）准备能连通互联网的计算机、手机、Office 软件。
（2）在手机 App 市场上查找并安装小红书 App。
（3）注册与使用小红书 App，发表一篇笔记，并填写表 1-10。

表 1-10　小红书 App 注册与试用

App	是否安装与注册	笔 记 主 题	使 用 感 受
小红书			

（三）任务要领

（1）熟知拼购型、会员分销型、社区团购型、内容分享型、网红直播型平台特点。

（2）能熟练使用互联网搜索工具。

（四）任务流程

子任务三撰写社交电商平台调研报告操作流程如图 1-5 所示。

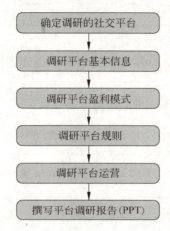

图 1-5　子任务三撰写社交电商平台调研报告操作流程

二、任务操作

操作要求：唐韵温泉度假村准备进驻各类社交电商平台，并对平台进行基本调研，包括社交电商平台盈利模式、规则、玩法等内容。选择某一平台进行调研，撰写调研报告。

步骤一：确定调研的社交平台

在拼购型、会员分销型、社区团购型、内容分享型、网红直播型中选择一个社交电商类型，然后再选出一个代表性的典型 App。

操作提示：后面步骤以步骤一选定平台为调研平台。

社交电商模式：_____

社交电商平台：_____

步骤二：调研平台基本信息

在百度、360、199IT 大数据导航、艾瑞咨询等网站进行调研，对搜索结果进行下载、分析、整理、汇总。

以专业数据公司 PDF、平台帮助文件为主要参考。

平台概述：_____

_____

_____

平台人群画像：_____

_____

_____

步骤三：调研平台盈利模式

通过 199IT 大数据导航、艾瑞咨询等网站对平台盈利模式进行调研，并对信息进行分析、整理、汇总。

以专业数据公司 PDF、平台帮助文件为主要参考。

平台盈利模式：_____
_____
_____

步骤四：调研平台规则

通过 199IT 大数据导航、艾瑞咨询等网站对平台规则进行调研，并对信息进行分析、整理、汇总。

以专业数据公司 PDF、平台帮助文件为主要参考。

平台入驻规则：_____
_____
_____

产品销售规则：_____
_____
_____

红线规则：_____
_____
_____

收费标准：_____
_____
_____

扣点规则：_____
_____
_____

佣金奖励规则：_____
_____
_____

步骤五：调研平台运营

通过深入调研平台了解平台运营技巧，并对信息进行分析、整理、汇总。

可以通过行业报告案例，总结出平台运营技巧。
_____
_____
_____

步骤六：撰写平台调研报告（PPT）

根据前几个步骤的要点，汇总平台调研报告，并以 PPT 格式进行撰写。PPT 要求图文并茂，30 页左右，配短视频更佳。

参考提供的大纲（见图 1-6）进行撰写，可以添加更多内容。

```
标题
目录
摘要
平台盈利模式
平台规则
平台运营
结论与建议
附录（参考资料）
```

图 1-6　平台调研报告大纲

三、任务评价

子任务三撰写社交电商平台调研报告评分见表 1-11。

表 1-11　子任务三撰写社交电商平台调研报告评分

编号	任务名称	分值	正确率 /%	得分
1	确定调研的社交平台	10		
2	调研平台基本信息	15		
3	调研平台盈利模式	15		
4	调研平台规则	15		
5	调研平台运营	20		
6	撰写平台调研报告（PPT）	25		
合　计		100		

【任务拓展】兴趣电商：核心是匹配需求

任务二　收集与调研社交电商行业信息

任务情境

唐韵温泉团队准备尝试社交电商运营，运营团队前期进行了收集与调研，主要包括调研社交电商平台分类与运营特点，调研社交电商平台运营规则与收费标准，并撰写社交电商平台调研报告。唐韵团队发现需要更宏观地对社交电商行业进行调研，才能更好地在社交电商行业中生存与发展。

1. 现状分析

唐韵温泉团队一直在实体化运作温泉度假村、主题酒店、疗养休养等项目。在2015年就打造了自己的独立网站和会员系统"唐掌柜"。2019年12月上线新的会员系统，现有会员人数4122人。会员在小程序下单的营业额累计达148万余元，占整体销售额不足2%。近年开通了抖音账号"唐韵温泉度假村"，在去哪儿网站上开设的小店虽有所进展，但并不理想。

2. 存在问题

2020年新冠疫情意外促进了社交电商的高速增长，2020年社交电商市场规模为2.3万亿元，同比增长11.62%。唐韵温泉社交电商销售额的增长率与社交电商行业整体的增长率相差甚远。

目前主要存在的问题是缺乏对社交电商行业的整体了解，唐韵团队需要对社交电商行业进行调研，才能更好地在社交电商行业中生存与发展。

3. 破局之法

为解决唐韵温泉社交电商运营的痛点，团队应对社交电商行业发展状况、行业趋势调研分析，撰写社交电商相关行业调研报告。

（1）调研社交电商行业发展状况。利用百度、360、199IT大数据导航、艾瑞咨询等网站，对社交电商的发展状况、消费人群特征、各平台消费占比、社交电商调研工具进行调查研究。特别以"旅游行业报告"等关键字对旅游行业进行调研。对搜索结果进行下载、分析、整理、汇总。

（2）调研社交电商行业趋势。唐韵温泉团队开展社交电商行业趋势调研，包括对行业人群画像、趋势指数工具、社交电商指数工具的研究。为更好地运营抖音平台，了解全国近30天的旅游行业搜索热度，通过百度指数、360趋势等工具对"旅游"关键字进行调研分析，并特别通过巨量算数工具调查"旅游"关键字热度情况。

（3）撰写社交电商行业调研报告。唐韵温泉团队开展社交电商行业发展状况调研与社交电商行业趋势调研后，以社交电商定义、调查背景、社交电商发展状况、社交电商整体消费人群特征、社交电商模式概述、社交电商趋势、社交电商行业报告小结为主要内容，撰写2021年社交电商行业调研报告。

■ 子任务一　调研社交电商行业发展状况

一、任务准备

（一）知识准备

知识点一：社交电商行业调研工具

社交电商行业调研工具主要有免费搜索工具与付费搜索工具两种。免费搜索工具有百度、360、搜狗、百度文库等网站。付费搜索工具包括

付费搜索工具

199IT 大数据导航、艾瑞咨询、36 氪、皮匠网（三个皮匠报告）、发现报告、清科研究中心、中国行业发展报告等。

知识点二：社交电商发展核心要点

社交电商发展核心要点包括 4 个方面：一是增长快，2020 年中国社交电商整体规模达 2.3 万亿元；二是争夺社交流量、抢占下沉市场和满足消费需求成为社交电商发展的三大核心驱动力；三是社交电商是围绕人的社交特性，在创新的社交场景里实现销售卖货；四是基于零售机制当中人、货、场流转和运营的差异，社交电商的类型大致分为拼购型、会员分销型、社区团购型、内容分享型、网红直播型等。

2020年社交电商各平台行业消费占比

（二）操作准备

（1）准备能连通互联网的计算机，包括浏览器、Office 工具、PDF 阅读器、截图工具。

（2）确保浏览器能打开百度、360、199IT 大数据导航、艾瑞咨询等网站。

（三）任务要领

（1）熟知百度、360 等搜索引擎网站的技巧，参见工作领域一任务一的子任务一。

（2）以网页与 PDF 文件为主要搜索对象，特别是以主流数据公司研究报告为核心参考。

（四）任务流程

子任务一调研社交电商行业发展状况操作流程如图 1-7 所示。

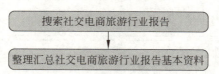

图 1-7　子任务一调研社交电商行业发展状况操作流程

二、任务操作

操作要求：通过百度、360、199IT 大数据导航、艾瑞咨询等网站，以"2021 年旅游行业报告"等关键字对 2021 年旅游行业进行调研。对搜索结果进行下载、分析、整理、汇总。

步骤一：搜索社交电商旅游行业报告

利用百度网页、百度文库等网站搜索"2021 年旅游行业报告"，并查看搜索结果。

以网页与 PDF 文件为主要搜索对象。

（1）打开百度网站，输入"2021 年旅游行业报告"关键字进行搜索。搜索结果页面如图 1-8 所示。

查看前 3 页所有结果，并将有用的页面信息（网址、网站、关键信息等）记录下来。

图 1-8 百度搜索结果

（2）打开百度文库网站，输入"2021年旅游行业报告"关键字，选择 PDF 文件进行搜索。百度文库搜索结果如图 1-9 所示。

图 1-9 百度文库搜索结果

查看前3页所有结果,并将有用的页面信息(网址、网站、关键信息等)记录下来。

_____

_____

_____

(3)在相关付款会员网站,进行同样的搜索,并记录下来。会员网站搜索结果如图1-10所示。

图1-10 会员网站搜索结果

将有用的页面信息记录下来,条件许可情况下下载文件。

_____

_____

_____

步骤二:整理汇总社交电商旅游行业报告基本资料

根据搜索、查阅2021年旅游行业报告、在线旅游行业研究报告、2021年中国国内旅游发展年度报告等,整理汇总旅游行业报告基本资料,以文字形式填写总汇情况。

社交电商旅游行业报告基本资料

操作提示:以主流数据公司研究报告为主要参考。

2021年中国旅游行业概况:_____

_____

_____

2016—2022年在线出行旅游规模:_____

_____

_____

国内旅游客源市场特征:_____

在线旅游产业链图谱分析：_____
_____
_____

旅游产业新业态分析：_____
_____
_____

在线旅游趋势分析：_____
_____
_____

三、任务评价

子任务一调研社交电商行业发展状况评价见表1-12。

表1-12 子任务一调研社交电商行业发展状况评价

编号	任务名称	分值	正确率/%	得分
1	搜索社交电商旅游行业报告	40		
2	整理汇总社交电商旅游行业报告基本资料	60		
	合计	100		

■ 子任务二 调研社交电商行业趋势

一、任务准备

（一）知识准备

知识点一：趋势指数工具

趋势指数工具主要有百度指数、百度指数专业版、360趋势、巨量算数平台等。百度指数免费，是以百度海量网民行为数据为基础的数据分享平台。百度指数专业版付费，它基于标准行业知识划分，收录信息全面丰富，提供更多维度可视化分析结果，是准确刻画网民对于行业、细分市场、品牌关注走势及需求特征的权威的行业数据分析平台。360趋势免费，可查询变化趋势、曝光量、需求分布、相关搜索词、用户画像、热门排行等。巨量算数是巨量引擎旗下内容消费趋势洞察品牌。

知识点二：社交电商指数工具

社交电商指数工具主要有西瓜集（含西瓜数据、飞瓜数据、西瓜助手、千瓜数据、知瓜数据 5 个频道）、搜狗微信搜索、新榜、清博指数、抖抖侠。

社交电商
指数工具

（二）操作准备

（1）准备能连通互联网的计算机，包括浏览器、Office 工具、截图工具。

（2）确保浏览器能打开百度指数、360 趋势网站。

（三）任务要领

熟知百度指数、360 趋势网站能查询的模块及功能。会员网站搜索结果如下。

> **重要提示**
> ➢ 百度指数：趋势研究、需求图谱、人群画像、行业排行。
> ➢ 360 趋势：变化趋势、曝光量、需求分布、相关搜索词、用户画像、喜好、地域、热门排行。

（四）任务流程

子任务二调研社交电商行业趋势操作流程如图 1-11 所示。

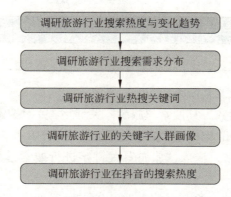

图 1-11　子任务二调研社交电商行业趋势操作流程

二、任务操作

操作要求：唐韵温泉度假村准备进驻抖音平台，需了解全国近 30 天的旅游行业搜索热度，通过百度指数、360 趋势等工具对"旅游"关键字进行调研分析，并特别通过巨量算数工具调查"旅游"关键字热度情况。

步骤一:调研旅游行业搜索热度与变化趋势

利用 360 趋势工具对"旅游"关键字搜索,并对搜索热度、变化趋势数据进行截图。区域为全国,时间在 30 天内。

(1)打开 360 趋势网站,输入"旅游"关键字进行搜索,在变化趋势模块截图,如图 1-12 所示。

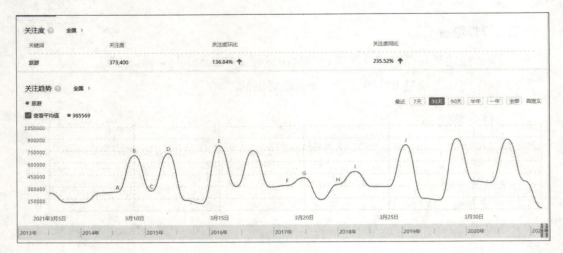

图 1-12 "旅游"关键字变化趋势

(2)从"旅游"关键字变化趋势模块可以得知关注度与关注趋势数据,根据实际情况填入表 1-13 中。

表 1-13 关键字关注度变化

关 键 字	关 注 度	关注度环比	关注度同比	关注趋势平均值

步骤二:调研旅游行业搜索需求分布

利用 360 趋势、百度指数工具搜索"旅游"关键字,并对搜索需求分布数据进行截图。区域为全国,时间在 30 天内,可参考百度指数结果。

(1)打开 360 趋势网站,输入"旅游"关键字进行搜索,在需求分布模块截图,如图 1-13 所示。

(2)打开百度指数网站,输入"旅游"关键字进行搜索,在需求图谱模块截图,如图 1-14 所示。

(3)从"旅游"关键字需求分布(图谱)分析,总结出"旅游"相关性强的热词。

步骤三:调研旅游行业热搜关键词

利用 360 趋势、百度指数工具对"旅游"关键字热搜关键词,并对相关搜索词数据进行截图。

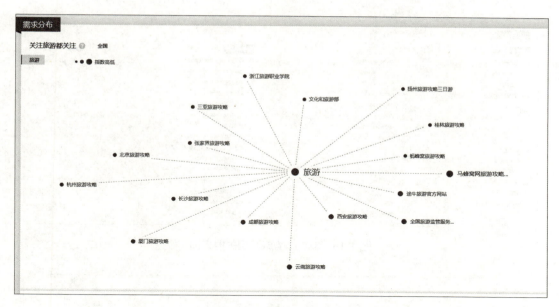

图1-13 "旅游"关键字需求分布

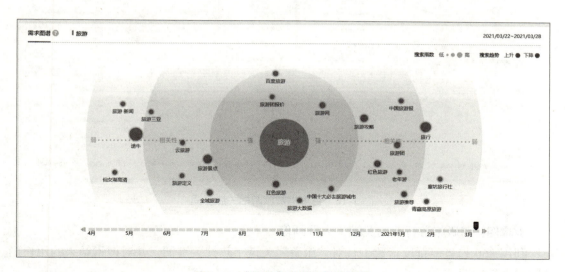

图1-14 "旅游"关键字需求图谱

区域为全国,时间在30天内,可参考百度指数结果。

(1)打开360趋势网站,输入"旅游"关键字进行搜索,在相关搜索词模块截图,如图1-15所示。

(2)打开百度指数网站,输入"旅游"关键字进行搜索,在相关词热度模块截图,如图1-16所示。

(3)从"旅游"关键字相关搜索词(相关词热度)分析,总结出旅游行业热搜关键词。

图 1-15　360 趋势旅游相关搜索词

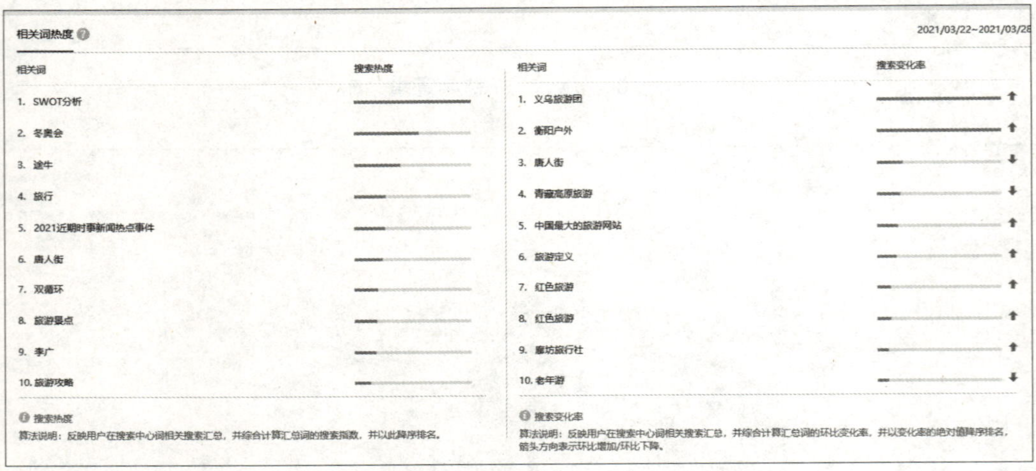

图 1-16　百度指数旅游相关热度词

步骤四：调研旅游行业的关键字人群画像

利用 360 趋势、百度指数工具对"旅游"关键字热搜关键词，并对搜索结果的用户画像数据进行截图。

区域为全国，时间在 30 天内，可参考百度指数结果。结果会有所差异，请综合对比分析。

（1）打开 360 趋势、百度指数网站，输入"旅游"关键字进行搜索。对用户画像中的地域、人群属性、喜好分别进行分析。

（2）360 趋势中的"旅游"关键字地域对比，如图 1-17 所示。

（3）360 趋势、百度指数中的"旅游"关键字人群属性对比，如图 1-18 所示。

（4）360 趋势、百度指数中的"旅游"关键字喜好对比，如图 1-19 所示。

（5）对用户画像中的地域、人群属性、喜好进行综合分析。

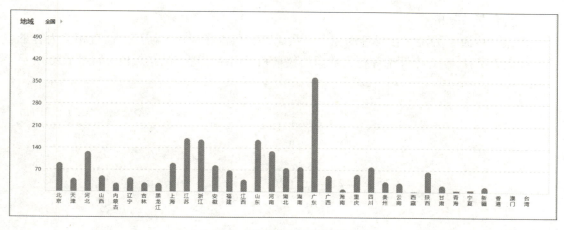

图 1-17 "旅游"关键字地域对比

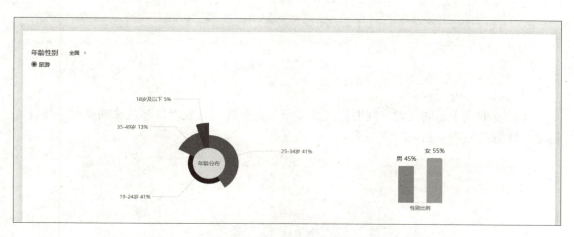

图 1-18 "旅游"关键字人群属性对比

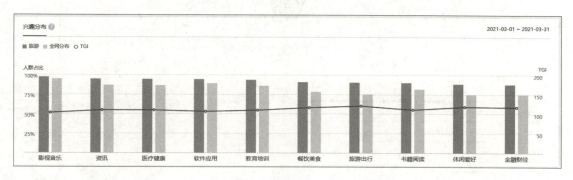

图 1-19 "旅游"关键字人群喜好对比

步骤五：调研旅游行业在抖音的搜索热度

利用巨量算数工具调查旅游关键字热度情况，并对搜索结果的抖音指数、关联分析、人群画像等数据进行截图。

平台为抖音，时间在 30 天内，需在搜索界面时间选项设置。同时可参考"头条"选项结果。

1. 抖音指数分析

衡量"旅游"关键字在抖音的综合声量。基于抖音热词指数模型，通过相关内容量、用户搜索、观看、分享、评论等行为数据加权求和得出该关键字的指数值，如图 1-20 所示。

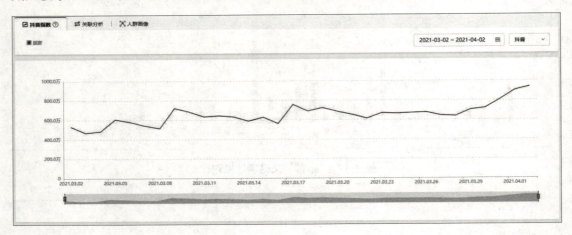

图 1-20　关键字抖音指数

2. 关联度分析

关联度取决于不同关键字同时出现的频率，进而确定关联度排名及涨跌排名。抖音关键字关联分析如图 1-21 所示。

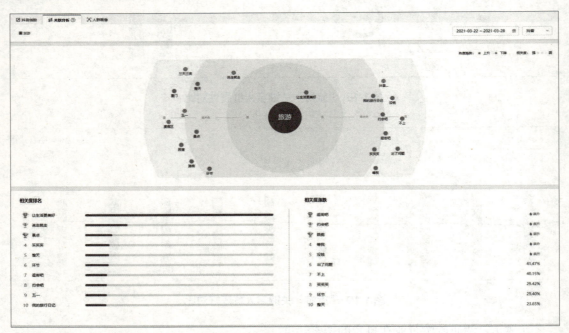

图 1-21　抖音关键字关联分析

3. 人群画像分析

查看"旅游"关键字相关内容消费人群的画像特征，了解抖音用户地域分布、年龄分布、用户兴趣等数据，如图 1-22 所示。

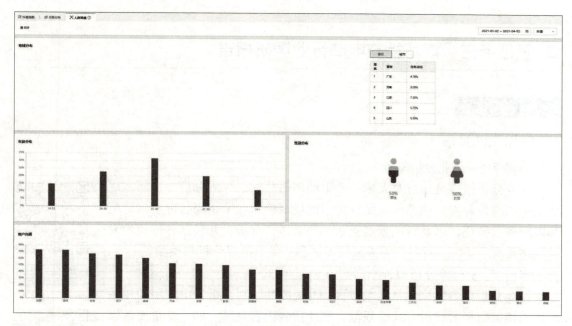

图 1-22　抖音关键字人群画像

4. 旅游行业在抖音的搜索热度小结

由抖音指数、关联分析、人群画像等数据搜索结果分析得知以下内容。

抖音指数分析：_____

_____

关联分析：_____

_____

人群画像分析：_____

_____

三、任务评价

子任务二调研社交电商行业趋势评价见表 1-14。

表 1-14　子任务二调研社交电商行业趋势评价

编号	任 务 名 称	分 值	正确率 /%	得 分
1	调研旅游行业搜索热度与变化趋势	20		
2	调研旅游行业搜索需求分布	20		
3	调研旅游行业热搜关键词	20		
4	调研旅游行业的关键字人群画像	20		
5	调研旅游行业在抖音的搜索热度	20		
	合　　　　计	100		

■ 子任务三　撰写社交电商行业调研报告

一、任务准备

（一）知识准备

知识点一：行业分析报告

行业分析报告是通过对大量一手市场调研数据的深入分析，全面客观地剖析当前行业发展的总体市场容量、市场规模、竞争格局、进出口情况和市场需求特征，以及行业重点企业的产销运营分析，并根据各行业的发展轨迹及实践经验，对各产业未来的发展趋势做出准确分析与预测。

行业分析报告撰写流程图

知识点二：行业分析报告原则

行业分析报告原则包括 4 个方面：①规范性原则，报告中使用的相关术语和相关数据的展现方式要规范，整体报告内容是统一的。②重要性原则，报告一定要体现项目分析的重点，并且在反映分析结果同一类问题的描述中，要按照问题的重要性排序。③谨慎性原则，报告编制过程要谨慎，基础数据必须完整，分析过程科学合理且全面，分析结果可靠，建议内容一定要实事求是。④主题一脉相承原则，只有一个主题，所分析内容围绕这个主题分叉展开，有结论和闭环。

国内咨询机构网站数据报告列表

（二）操作准备

（1）准备能连通互联网的计算机，包括浏览器、PPT、PDF 阅读器、截图工具。

（2）确保浏览器能打开百度指数、360 趋势网站。

（3）复习前两个子任务的知识准备内容。

（三）任务要领

（1）下载更多、更专业的社交电商行业报告，根据行业报告大纲进行整理分析。

（2）若网络不通或所能查询到的网络资料不全，可以参考前两个子任务的知识准备。

（3）下载适用的总结类 PPT 模板，按行业报告大纲进行整理。

（四）任务流程

子任务三撰写社交电商行业调研报告操作流程如图 1-23 所示。

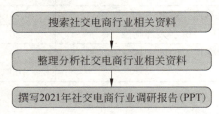

图 1-23　子任务三撰写社交电商行业调研报告操作流程

二、任务操作

操作要求：唐韵温泉度假村已完成了社交电商行业发展状况、社交电商行业趋势调研。现对前期的调研进行总结，并撰写2020年社交电商行业调研报告。

步骤一：搜索社交电商行业相关资料

通过百度、360、199IT大数据导航、艾瑞咨询等网站，以"社交电商行业发展""社交电商行业趋势""社交电商行业报告"等关键字对2020年社交电商行业进行调研。对搜索结果进行下载、分析、整理、汇总。

以网页与PDF文件为主要搜索对象。

将有用的页面信息（网址、网站、关键信息、PDF、PPT等）记录下来。
_____
_____
_____

步骤二：整理分析社交电商行业相关资料

搜索、查阅社交电商行业报告，整理汇总社交电商行业报告基本资料。根据所拟大纲填写要点。

以主流数据公司研究报告为主要参考。

报告标题：_____
_____

调研背景：_____
_____

社交电商定义：_____
_____
_____

社交电商发展状况：_____
_____
_____

社交电商整体消费人群特征：_____
_____
_____

社交电商模式概述（特征、规模、人群等，典型平台消费占比）：____
_____
_____

社交电商行业趋势：_____
_____
_____

社交电商行业报告小结：_____
_____

步骤三：撰写 2021 年社交电商行业调研报告（PPT）

根据步骤二已填写的要点，汇总社交电商行业报告，并以 PPT 格式撰写。整体要求图文并茂，30 页左右，配短视频更佳。

参考提供的大纲撰写，可以添加更多内容，参考大纲如图 1-24 所示。

```
报告标题
社交电商定义
调查背景
社交电商发展状况
社交电商整体消费人群特征
社交电商模式概述（特征、规模、人群、典型平台消费占比等）
社交电商行业趋势
社交电商行业报告小结
```

图 1-24　社交电商行业报告大纲

三、任务评价

子任务三撰写社交电商行业调研报告评价如表 1-15 所示。

表 1-15　子任务三撰写社交电商行业调研报告评价

编号	任务名称	分值	正确率/%	得分
1	搜索"社交电商行业"相关资料	25		
2	整理分析"社交电商行业"相关资料	25		
3	撰写 2021 年社交电商行业调研报告（PPT）	50		
	合计	100		

【任务拓展】2021 抖音电商生态发展报告（节选）

任务三　收集与调研社交电商竞争对手信息

任务情境

唐韵温泉运营团队准备尝试社交电商运营，公司运营团队前期进行社交电商平台信息收集与调研、社交电商行业信息收集与调研，并撰写社交电商平台调研报告、社交电商行业调研报告。唐韵温泉团队需要对竞争对手信息进行调研，包括获客渠道、产品体系、属性参数、定价规则、裂变规则等内容，最后撰写一份竞争对手调研报告。

1. 现状分析

唐韵温泉运营团队一直在实体化运作温泉度假村、主题酒店、疗养休养等项目。在 2015 年就打造了自己的独立网站和会员系统"唐掌柜"。2019 年 12 月上线新的会员系统，现有会员人数 4122 人。会员在小程序下单的营业额累计达 148 万余元，占整体销售额不足 2%。近年开通了抖音账号"唐韵温泉度假村"，去哪儿网上开设小店有所进展，但并不理想。

2. 存在问题

目前，唐韵运营团队进行社交电商平台信息收集与调研、社交电商行业信息收集与调研，但没有对竞争对手或同行进行分析。不了解对手或同行的产品体系、属性参数、定价规则、裂变规则等内容。

3. 破局之法

为解决唐韵运营团队的社交电商的痛点，团队应对社交电商行业中竞争对手或同行的获客渠道、产品体系、属性参数、定价规则、裂变规则等进行调研分析，最终撰写一份竞争对手调研报告。

（1）调研社交电商竞争对手信息。利用各类资讯网站，查找竞争对手或同行，并对他们的获客渠道、产品体系、属性参数、定价规则、裂变规则进行调查研究。对结果进行分析、整理、汇总。

（2）撰写社交电商竞争对手调研报告。唐韵温泉团队完成竞争对手的获客渠道、产品体系、属性参数、定价规则、裂变规则等结果的分析、整理、汇总，并撰写一份竞争对手调研报告。

■ 子任务一　调研社交电商竞争对手信息

一、任务准备

（一）知识准备

知识点一：产品体系

产品体系是指使用和消费，并能满足人们某种需求的任何东西，包括有形的物品、无形的服务、组织、观念或它们的组合，是按照一定的秩序和内部联系组合而成的整体，是不同系统组成的系统。产品一般可以分为 5 个层次：核心产品、形式产品、期望产品、附加产品、潜在产品。网络商品的产品结构定位 4 个类型：引流款、利润款、活动款、形象款。

产品体系

知识点二：定价种类与裂变方法

网络定价主要有大数据杀熟定价、拼团定价、平台差异定价、竞争对手定价、数字定价、预售定价 6 类。裂变方法包括口碑裂变、拼团裂变、邀请裂变、助力裂变、分享裂变 5 种。

定价种类与裂变方法

知识点三：获客渠道

获客就是获取新客户，粉丝为王，社交电商尽可能获取客户是取得成功的重要一步。主要的获客渠道有以下 9 种方式：付费购买增长、打造流量爆款、搜索引擎优化、口碑营销、明星代言、内容营销、友情链接、地面推广、事件营销。

获客渠道

（二）操作准备

（1）准备能连通互联网的计算机，包括浏览器。

（2）了解温泉、度假、休闲行业。

（3）复习前两个任务的知识准备内容。

（4）手机上安装抖音、大众点评、微信等社交电商 App。

（三）任务要领

（1）熟悉各类搜索引擎、指数工具。

（2）若网络不通或所能查询到的网络资料不全，可以参考前两个任务的知识准备。

（3）下载适用的总结类 PPT 模板，按行业报告大纲进行整理。

（四）任务流程

子任务一调研社交电商竞争对手信息操作流程如图 1-25 所示。

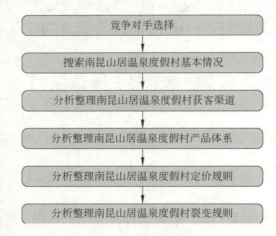

图 1-25　子任务一调研社交电商竞争对手信息操作流程

二、任务操作

操作要求：唐韵温泉度假村已经完成了社交电商行业发展状况、社交电商行业趋势调研。目前，想对标一个竞争对手进行调研，借鉴竞争对手在社交电商的成功运营经验。

步骤一：竞争对手选择

经调查筛选出 3 个对标竞争对手，具体情况如下。

诺都庄园温泉别墅依山而建，居住空间接近自然，无墙化绿洲式景观设计，每户带 8~10 个庭院，价格每晚 5000~30000 元。每户皆有氡温泉入户，还规划了业主、服务人员、车辆的动线，确保私密性。只接受会员预订。

碧水湾温泉度假村地处某市新温泉旅游度假区，是一家中等规模的温泉度假村。该度假村于 2002 年开业，现有客房 250 余间，餐位 700 个，风格迥异、各具特色的温泉池 40 余个，足球场、网球场、篮球场、羽毛球馆、亲子公园等设施设备齐全。主要服务旅游团，或官网预订。

南昆山居温泉度假村坐落于中国"温泉之乡"广东龙门县，毗邻国家 4A 级南昆山国家森林公园，紧邻广深莞佛等珠三角城市，被誉为"珠三角后花园"。度假村由 4 栋群楼组成，打造以温泉旅游、自然田园风光、生态休闲、养生运动为四大主题特色的温泉度假生态链。主要订房渠道：大众点评、飞猪、携程、公众号官网。第三方获客渠道：爱生活爱旅游、小红书、悦自游越精彩。

经过对比分析发现，唐韵温泉度假村与南昆山居温泉度假村的产品体系非常相似，并且南昆山居温泉度假村社交电商运营做得很好。本次任务就是调研南昆山居温泉度假村的运营策略，分析南昆山居温泉度假村的获客渠道、产品体系、属性参数、定价规则、裂变规则等内容。

步骤二：搜索南昆山居温泉度假村基本情况

利用百度搜索引擎查找南昆山居温泉度假村官方网站，并根据官网资料进行分析、整理、汇总。

搜索引擎结果前几项通常是广告，并非真正的官网。

（1）利用百度网站，以南昆山居温泉度假村为关键字搜索官网，如图 1-26 所示。

图 1-26　南昆山居温泉度假村官方网站

(2)分析、整理南昆山居温泉度假村相关资料、汇总南昆山居温泉度假村基本情况。基本信息通常在"关于我们"页面,把核心简介写下来,然后图文并茂地保存在 Word 文档中备用。

_____

_____

(3)通过手机继续查找南昆山居温泉度假村公众号官网、抖音官网。公众号官网截图如图 1-27 所示,抖音官网截图如 1-28 所示。并将网址、二维码、账号、粉丝数等信息以图文并茂的形式保存在 Word 文档中备用。

公众号官网:_____

_____

抖音官网:_____

_____

图 1-27　公众号官网

图 1-28　抖音官网

步骤三:分析整理南昆山居温泉度假村获客渠道

通过搜索引擎、App 市场下载各类 App 查找南昆山居温泉度假村获客渠道。调研不少于 10 个网站、平台、App。从主流的传统电商平台、拼购型 App、旅游 App 等进行调研。可以分组合作完成。

平台或 App 出现 4 个以上产品订购目录才能算官网获客渠道,大众点评的查询结果如图 1-29 所示。软文、活动页等视频第三方获客渠道如图 1-30 所示。

工作领域一　　社交电商信息收集与调研 ………… 33

图 1-29　大众点评页面　　　　　　　图 1-30　小红书软文页面

（1）列出可能存在获客渠道的网站、平台、App，不少于 15 个。

_____

_____

（2）以小组合作形式，对上述 15 个或以上的网站、平台、App 展开调研，记录并填写下来。

官网获客渠道：_____

_____

第三方获客渠道：_____

_____

步骤四：分析整理南昆山居温泉度假村产品体系

筛选出至少 4 个南昆山居温泉度假村获客渠道中大流量的官方获客渠道，选择其中一个调研分析南昆山居温泉度假村的产品体系。

基于平台的流量与大数据因素，不同网购平台产品价格有所差异。

以大众点评为例，查找南昆山居温泉度假村产品价格目录。参照表 1-16 样例列出产品体系与价格定位。

表 1-16　南昆山居温泉度假村产品列表

序号	产品名称	配　置	价格/元	价格定位
1	高级双床房	30m^2、双床、有窗、双早	914	引流款
2				
3				
4				
5				

步骤五：分析整理南昆山居温泉度假村定价规则

上一步骤基于大众点评调研分析南昆山居温泉度假村的产品体系与价格定位。现需多调研几个平台，分析产品适用于哪一条定价规则。

参考平台包括大众点评、飞猪、携程、公众号、小红书、旅游拼购公众号等。

调研各大平台南昆山居温泉度假村价格，分析各类产品定价，并确认适用于哪一类定价规则。

1. 大数据"杀熟"定价

找两部价格差异大、机主消费差异大的手机，打开同一个平台，核对同款产品价格。大数据"杀熟"产品定价如表 1-17 所示。

表 1-17　大数据"杀熟"产品定价列表

序号	产品名称	平　台	＿＿＿手机	＿＿＿手机
1	高级双床房	大众点评	914 元	716 元
2				
3				
4				
5				

2. 拼团定价

找出南昆山居温泉度假村的产品是否有拼团定价。拼团定价如表 1-18 所示。

表 1-18　拼团定价列表

序号	产品名称	官网价	团 购 平 台	拼团价格
1	高级双床房	914		
2				
3				
4				

3. 平台差异定价

调研南昆山居温泉度假村的产品在大众点评、飞猪、携程、官网 4 个平台的标价，并将各平台价格填入表 1-19 中。

表 1-19　不同平台差异定价列表

序号	产品名称	大众点评	飞猪	携程	官网
1	高级双床房				
2					

续表

序号	产品名称	大众点评	飞猪	携程	官网
3					
4					
5					

4. 竞争对手的定价方法

调研南昆山居温泉度假村与同区南昆云顶温泉度假村的同一类型产品在大众点评、飞猪两个平台的标价,并将各平台价格填入表中。比较竞争对手的定价方法中两者价格差异,哪个温泉度假村价格更具优势。竞争对手定价列表如表1-20所示。

表1-20 竞争对手定价列表

序号	产品名称	大众点评		飞猪	
1	高级双床房	南昆山居	南昆云顶	南昆山居	南昆云顶
2					
3					
4					
5					

5. 数字定价方法

从前几个定价列表中查找是否有数字定价方法定出的价格,请列出。

数字定价平台:_____

_____

6. 预售定价

从大众点评、飞猪、携程、官网、小红书等平台查找是否存在预售定价,若有请列出平台与价格,见表1-21。

表1-21 不同平台预售定价列表

序号	产品名称	平台	预售定价	说明
1	高级双床房			
2				
3				
4				
5				

步骤六:分析整理南昆山居温泉度假村裂变规则

从公众号、团购网、小红书等平台,查找是否有裂变引流的活动。将活动名称、平台、裂变规则填入表1-22中。

裂变引流的活动多数在早期、淡季的时间点。

表1-22 不同平台裂变规则

序号	活动名称	平台	活动内容	裂变规则
1				
2				

续表

序号	活动名称	平台	活动内容	裂变规则
3				
4				
5				

步骤七：分析整理南昆山居温泉度假村抖音基本情况

利用抖音分析工具对南昆山居温泉度假村抖音账号作基本分析。

免费版工具可以分析抖音账号的基本情况。专业版还可以分析商品达人作品、创作能力、直播记录、直播能力。免费工具如灰豚数据平台，提供抖音、快手、小红书、淘宝等多个平台直播、短视频可视化数据监测，提供精准、高效数据分析服务。用户扫码登录后，可免费试用商品分析、直播监测等部分功能，了解当下实时热门直播，查看不同类目趋势的行业大盘，分析市场最新数据。

（1）利用灰豚数据平台，查询南昆山居温泉度假村抖音账号，了解相关基本情况，如图 1-31 所示。

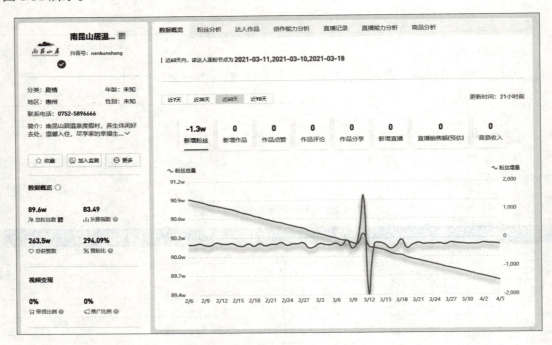

图 1-31　南昆山居温泉度假村抖音账号

由截图可以分析出南昆山居温泉度假村抖音账号的总粉丝 89.6 万，总获赞数为 263.5 万。近 60 天粉丝数不断下降。

（2）利用灰豚数据平台可以查询南昆山居温泉度假村抖音账号粉丝画像，如图 1-32 所示。

由截图可以得出粉丝的人群特征：_____
_____
_____

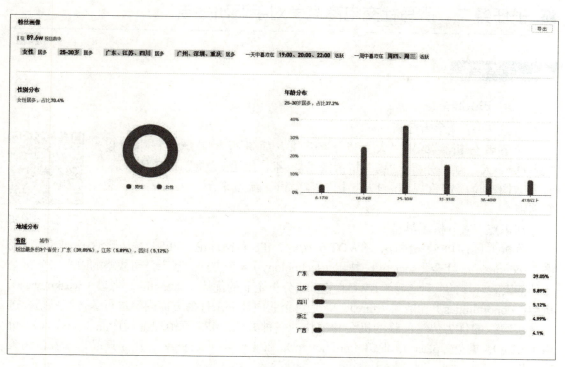

图 1-32　南昆山居温泉度假村抖音账号粉丝画像

三、任务评价

子任务一调研社交电商竞争对手信息评价见表 1-23。

表 1-23　子任务一调研社交电商竞争对手信息评价

编号	任 务 名 称	分　值	正确率 /%	得　分
1	竞争对手选择	10		
2	搜索南昆山居温泉度假村基本情况	15		
3	分析整理南昆山居温泉度假村获客渠道	15		
4	分析整理南昆山居温泉度假村产品体系	15		
5	分析整理南昆山居温泉度假村定价规则	15		
6	分析整理南昆山居温泉度假村裂变规则	15		
7	分析整理南昆山居温泉度假村抖音基本情况	15		
	合　　计	100		

■ 子任务二 撰写社交电商竞争对手调研报告

一、任务准备

（一）知识准备

知识点一：竞争者分析

竞争者分析主要从"人、货、场"3方面进行。实操过程中应以"场→货→人"顺序分析。"场"指营销场景，推广渠道。"货"指产品体系、商品结构定位、定价规则。"人"指获客渠道、流量来源、人群画像、裂变规则。

人、货、场分析

知识点二：分析工具

分析工具有 PEST 分析法、SWOT 分析法、4PS 营销理论。PEST 是从政治（politics）、经济（economic）、社会（society）、技术（technology）4 个方面，基于公司战略的眼光来分析企业外部宏观环境的一种方法。SWOT 分析法分析企业的优势（strengths）、劣势（weaknesses）、机会（opportunities）和威胁（threats），是对企业内外部条件各方面内容进行综合和概括，进而分析组织的优劣势、面临的机会和威胁的一种方法。4PS 营销理论指产品（product）、价格（price）、渠道（place）、促销（promotion），加上策略（strategy），用于产品市场及营销策略分析。

（二）操作准备

（1）准备能连通互联网的计算机，包括浏览器、PPT、PDF 阅读器、截图工具。
（2）确保浏览器能打开百度指数、360 趋势网站。
（3）复习子任务一知识准备内容。

（三）任务要领

（1）下载更多、更专业的社交电商行业报告，对行业报告大纲进行整理分析。
（2）若网络不通或所能查询到的网络资料不全，可以参考子任务一的知识准备。
（3）下载适用的总结类 PPT 模板，按行业报告大纲进行整理。

（四）任务流程

子任务二撰写社交电商竞争对手调研报告操作流程如图 1-33 所示。

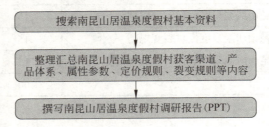

图 1-33　子任务二撰写社交电商竞争对手调研报告操作流程

二、任务操作

操作要求：整理汇总上一个子任务的信息，撰写南昆山居温泉度假村调研报告。

步骤一：搜索南昆山居温泉度假村基本资料

利用百度搜索引擎查找南昆山居温泉度假村官方网站，并根据官网、抖音、公众号进行信息分析、整理、汇总。

重要图片需要截图保存。

调研南昆山居温泉度假村官网、抖音公众号，并将网址、二维码、账号、粉丝数等信息以图文并茂的形式保存在 Word 文档中备用。

_____
_____

步骤二：整理汇总南昆山居温泉度假村获客渠道、产品体系、属性参数、定价规则、裂变规则等内容

参考子任务一的信息，并配图。

（1）报告标题：
_____

（2）调研背景：
_____

（3）南昆山居温泉度假村基本情况（另配 4 张图）：
_____
_____

（4）南昆山居温泉度假村获客渠道：汇总南昆山居度假村的官方获客渠道与第三方获客渠道。每个渠道需要配样图说明。
_____
_____

（5）南昆山居温泉度假村产品体系：以大众点评为例，自己设计 1 张表，在表中列出南昆山居温泉度假村价格目录，并标注对应的价格定位类型。每一款产品需要详细介绍，配图 1 张，配置说明、费用标准等。
_____
_____
_____

（6）南昆山居温泉度假村定价规则：分析各类产品定价，并确认适用于哪一类定价规则。每一项定价规则，需要以定价案例说明。
_____
_____

（7）南昆山居温泉度假村裂变规则：列出最典型的几个裂变案例，需要列出活动名称、平台、裂变规则等内容。
_____
_____

（8）南昆山居温泉度假村抖音基本情况：根据子任务调研结论，列出抖音账号的数据概览、粉丝分析等，配图 2 张。

（9）南昆山居温泉度假村调研总结：根据已调研的获客渠道、产品体系、属性参数、定价规则、裂变规则数据进行总结。

步骤三：撰写南昆山居温泉度假村调研报告（PPT）

根据步骤二已填写的要点，汇总南昆山居温泉度假村数据，并以 PPT 格式进行撰写。整体要求图文并茂，50 页左右，配短视频更佳。

参考提供的大纲进行撰写，可以添加更多内容，如图 1-34 所示。

```
报告标题
调查背景
南昆山居温泉度假村基本情况
南昆山居温泉度假村获客渠道
南昆山居温泉度假村产品体系
南昆山居温泉度假村定价规则
南昆山居温泉度假村裂变规则
南昆山居温泉度假村抖音基本情况
南昆山居温泉度假村总结
南昆山居温泉度假村运营建议
```

图 1-34　南昆山居温泉度假村调研报告大纲

三、任务评价

子任务二撰写社交电商竞争对手调研报告评价如表 1-24 所示。

表 1-24　子任务二撰写社交电商竞争对手调研报告评价

编号	任 务 名 称	分 值	正确率/%	得 分
1	搜索南昆山居温泉度假村基本资料	15		
2	整理汇总南昆山居温泉度假村获客渠道、产品体系、属性参数、定价规则、裂变规则等内容	35		
3	撰写南昆山居温泉度假村调研报告（PPT）	50		
	合　　计	100		

【任务拓展】社交电商宠物行业报告（节选）

工作领域二
社交营销页面设计与发布

学习目标

1. 知识目标

（1）了解社交营销的概念及依托的平台特点。
（2）了解社交营销页面所包含的常见视觉元素。
（3）了解社交营销页面各视觉元素设计的特点和要求。
（4）掌握社交营销页面与设计有关的配色和构图知识。
（5）掌握视觉营销和消费者心理的相关知识。

2. 技能目标

（1）能够设计出元素齐全布局合理的移动端店铺首页。
（2）能够设计出具有营销导向的产品主图和内容详情页。
（3）能够设计出符合裂变传播机制的活动海报及落地页。
（4）能够在设计中体现和强化核心视觉记忆点。
（5）能够建立符合账号或店铺特点的素材库。
（6）能够在社交营销平台上完成设计页面的上传与发布。

3. 素养目标

（1）培养团队合作及良好的沟通表达能力。
（2）培养对美的感悟能力和表达能力。
（3）培养追求卓越的责任意识和工匠精神。
（4）培养创新意识和知识产权保护意识。
（5）增强网络空间法律意识规范网络行为。

任务一　设计与发布营销主页面

任务情境

唐韵温泉 2019 年在小程序兴起时设计搭建了自己的小程序平台——唐韵温泉，在疫情影响下，社交电商迅速发展，唐韵温泉希望在自己开发的小程序平台上能带来更多用户的关注。因此，搭建微商城是运营的第一步，也是最重要的一步。微商城首页、核心记忆点、商城 Logo、公众号头像等设计所呈现的视觉效果、品牌调性是否能够吸引目标用户的关注，进而被认同，这些都是社交电商需要搭建自己的小程序平台所要考虑的因素。

1. 现状分析

（1）唐韵温泉小程序首页分析。唐韵温泉小程序首页如图 2-1 所示。

图 2-1　唐韵温泉小程序首页

唐韵温泉小程序商城的首页使用的头图仍然是官网的轮播图，该图片没有全部展示产品信息，文案没有明确传达产品的核心卖点。产品分类模块比较随意，没有起到导购指引作用。首页整体风格定位没有突出唐韵主题，企业文化不统一。促销活动模块不明显，只有简单的一句"国庆专享"。

（2）唐韵温泉Logo和微信公众号头像分析。唐韵温泉Logo和公众号头像如图2-2所示。

图2-2　唐韵温泉Logo和公众号头像

唐韵温泉官网Logo和微信公众号头像是汉字、英文、符号的组合，背景过于复杂，没有将企业理念、文化特质、服务内容、企业规范等抽象语意转换为具体符号的概念。

（3）小程序商城整体配色、标准字体分析。小程序商城的整体配色效果没有达到视觉营销的要求，无法从整个色彩去吸引顾客的关注，整个画面不够美观、大方。字体使用没有统一的标准，字体、字号、位置不讲究，大部分的页面还是停留在系统默认的灰色，与该企业唐韵文化不协调，很难给顾客留下深刻的印象，更不用说提高商城的流量和转化率了。

唐韵温泉小程序商城如图2-3所示。

图2-3　唐韵温泉小程序商城

2. 存在问题

根据唐韵温泉度假村小程序商城的装修现状来看，主要存在以下问题。

（1）商场首页装修不完善，缺乏营销导向。小程序商城首页装修风格不一致，首页各个模块设计不完善，没有通过视觉设计效果、氛围和服务，使顾客对商城有直观的了解，以达到营销目的。

（2）Logo 和头像制作缺乏技巧。Logo 和头像制作缺乏技巧，题材选取不准确，没能通过 Logo 和头像给顾客留下深刻印象，与小程序商城主营产品缺乏关联性，顾客在看到该头像时，没能传递产品信息，从而达到营销的效果。图片像素不够清晰。

（3）小程序商城缺乏核心记忆点。大部分的图片设计模糊，很多地方都反复使用同一张图片，整个商城装修风格不一致。配色、构图、字体的应用比较随意，没有帮助顾客记忆，在其脑海中难以树立并强化商城的品牌形象，从而营造营销氛围，提高产品销售量。

3. 破局之法

（1）设计与制作 Logo 和头像。结合企业的文化背景、主营产品等信息，参照 Logo 和头像设计原则，灵活运用 Logo 和头像设计的技巧，以及参考好的 Logo 设计十大标准完成 Logo 和头像制作，从而加深顾客对企业及商城主营产品的印象。

（2）设计与制作核心视觉记忆点。核心记忆点主要是以标志、标准色彩、标准字体为核心展开的完整的视觉传达识别体系，是将企业理念、文化特质、服务内容、企业规范等抽象的语意转换为具体符号的概念，从而塑造出独特的企业形象。商城的核心记忆点不仅能规范商城的装修，还能从很大程度上帮助顾客记忆，能够形成一种视觉化的信息表达方式，从而使顾客可以简洁、明确、一目了然地了解企业及产品信息。

（3）设计与发布微商城首页。商城首页是商场的形象展示窗口，展示了整个商城的风格，是引导顾客、提高转化率和成交量的重要页面，其视觉设计直接影响商城品牌宣传的效果和顾客购买行为。所以需要从商城公告、轮播广告、活动区、热销推荐区、商品分类区等模块进行重新装修优化。

■ 子任务一　设计与制作Logo和头像

一、任务准备

（一）知识准备

知识点一：Logo

标志（Logo）是一种图形艺术。对其设计需关注以下 7 个方面：①应在详细明确设计对象的使用目的、适用范畴及有关法规等有关情况和深刻领会其功能性要求的前提下进行。②设计须充分考虑其实现的可行性，针对其应用形式、材料和制作条件采取相应的设计手段。同时还要顾及应用于其他视觉传播方式或放大、缩小时的视觉效果。③设计要符合作用对象的直观接受能力、审美意识、社会心理和禁忌。④构思须慎重推敲，力求深刻、巧妙、新

Logo设计
基本技巧

颖、独特，表意准确，能经受住时间的考验。⑤构图要凝练、美观、适形（适应其应用物的形态）。⑥图形、符号既要简练、概括，又要讲究艺术性。⑦色彩要单纯、强烈、醒目。

知识点二：社群头像设计原则

社群头像应遵循以下 4 个原则：风格极简、色泽鲜明、关联名字、图片清晰。风格极简，即简单。色泽鲜明即颜色不能多，两种颜色最佳，尽量不要超过 3 种。颜色要纯亮够饱满。关联名字即社群头像最好跟名字有关联，名字和头像同属一个系统，起到互相解悉、互为补充的作用。图片清晰即企业头像应使用像素较高的图片，提升用户视觉感受，完美呈现企业的重要信息。

（二）操作准备

（1）准备好已经连接互联网的 PC 端计算机和移动端智能手机。

（2）在 PC 端计算机上提前安装好常用的浏览器、Office 工具软件、Photoshop 软件等。

（3）提前注册好创客贴、凡科商城网站的会员。

（4）提前关注公众号浙江唐韵温泉度假村股份有限公司，了解该公司的背景信息和业务资料。

（5）在千图网、花瓣网等网站搜索了解各种风格的店铺 Logo、社群头像。

（6）整理收集的商城 Logo、公众号头像，并分析它们的设计特点。

_____

_____

（三）任务要领

1. 微商城 Logo 的常见尺寸

微商城 Logo 尺寸宽高像素比例只要为 1∶1 即可，例如设置为 80 像素 ×80 像素，160 像素 ×160 像素，250 像素 ×250 像素等几个尺寸。微商城在装修时，大多有"自由容器"模块，可以根据需要自由拖动调整模块的大小和尺寸，以实现灵活多样的装修风格。接下来要装修的"唐韵温泉度假村股份有限公司"微商城首页的微店 Logo 尺寸为 80 像素 ×80 像素。

2. 微商城 Logo 设计要点

（1）便于识别，以简为美。这是一个优秀的微商城 Logo 必须掌握的要点，因为最简单的方案往往会让消费更容易记住；但在简单的同时，也要把握一个"美"字。这两点完美地结合，才能设计出优秀的微商城 Logo。

（2）微商城 Logo 与消费者或产品有关。Logo 可以代表商业形象，应该与行业、消费者或面向的受众人群有关。

（3）追求独特，增强记忆。一个独特的 Logo 能够在众多的竞争者中脱颖而出，才能让人过目不忘。

3. 如何选择社群头像的题材

在明确社群头像设计的标准后，应该选取什么样的题材为头像元素？提供以下几个社群头像的设计方向，以供参考。

（1）使用文字。用账号名字，账号名字是最常见的社群头像设计方向，能够明确传达品牌形象，让用户对其产生较强的信赖感，形成品牌影响力。这种头像非常简单直接，背景色就是你的品牌色。具体可分为两种情况：名字全称+品牌色背景、名字中的一部分+品牌色背景。

（2）用人物形象。使用人物形象是极为常见的社群头像设计方向。这种设计使品牌的人格化进行得更加彻底，增进了用户对品牌的好感，对于社群品牌战略发展具有重要的意义。

4. 商城 Logo 展现的形式。

商城 Logo 的外形丰富，根据其内容，从视觉上展现形式分别如下。

（1）纯文字 Logo，以文字和拼音字母等元素为主体，通常采用将品牌的名称、缩写或个别有趣的文字进行排列、扭曲、变色、变化等方法设计店标。

好Logo的
十大标准

（2）纯图形 Logo，只以具体的图形来表现品牌的名称或商品的属性。相比纯文字 Logo，纯图形的更直观、易于识别和富有感染力。

（3）图文结合 Logo，以具体或抽象的图形，结合品牌名称设计而成 Logo，这种结合了文字和图形 Logo 的优点，图文并茂、形象生动。

（四）任务流程

子任务一设计与制作 Logo 和头像操作流程如图 2-4 所示。

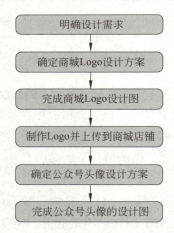

图 2-4　子任务一设计与制作 Logo 和头像操作流程

二、任务操作

操作要求：根据操作提示逐步完成原来的微商城 Logo 和公众号头像的优化设计。

步骤一：明确设计需求

在动手优化设计小程序商城 Logo 和公众号头像之前，需要明确设计需求，了解公司和行业背景，产品内容、特点及顾客画像。社交电商和传统电商不同，其推广的方式和目标也大不相同，因此在商城 Logo 和公众号头像的设计和展现位置也必然有所区别。

工作领域二　社交营销页面设计与发布 …………47

关注公众号浙江唐韵温泉度假村股份有限公司，通过阅读该公众号发布的历史推文，了解该公司的背景资料及服务或产品内容。对商城的 Logo 和公众号头像进行优化，要求能准确把商城的形象与概念转化为视觉印象，设计更加人性化，更有针对性。

请根据以上背景信息，完成表 2-1 明确设计需求的填写。

表 2-1　明确设计需求

标志类型	□企业标志　　□产品标志　　□活动标志　　□其他
展现形式	□纯文字 Logo　　□纯图形 Logo　　□图文结合 Logo
优化原 Logo 的原因	
商城 Logo、公众号头像优化要求	□整体风格不变，仅对局部进行适当调整 □保留局部元素，优化设计 □色彩不变，图形优化设计 □图形不变，色彩优化设计 □整体重新设计 □其他
商城主营产品	
头像题材	
传播渠道	
唐韵温泉的目标受众人群	

步骤二：确定商城 Logo 设计方案

明确了商城 Logo 和公众号头像优化设计需求后，还需要确定设计风格、色彩标准、字体标准等。完成表 2-2 商城 Logo 设计方案的填写。

表 2-2　确定商城 Logo 优化设计方案

Logo 名称		
风格定位		
使用元素		
Logo 字体标准		
Logo 设计技巧		
Logo 展现的形式		
Logo 色彩标准	背景颜色	
	图像颜色	
	字体的颜色	
	具体配色及所占比例	底色	
		主色	
		强调色	
版式构图		

步骤三：完成商城 Logo 设计图

请根据设计需求以及设计方案，完成初步的设计草图。

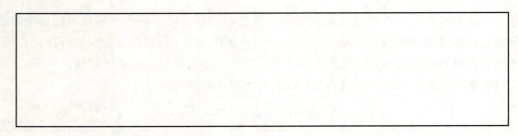

步骤四：制作 Logo 并上传到商城店铺

在中联电商实训平台创建店铺，填写好店铺名称、店铺简介、店铺主体、负责人姓名等信息，并将完成的 Logo 上传到店铺 Logo 位置上，完成后进行保存。

创建店铺上传 Logo 如图 2-5 所示。

图 2-5　创建店铺上传 Logo

步骤五：确定公众号头像设计方案

明确了商城 Logo、公众号头像优化设计需求后，还需要确定设计风格、色彩标准、字体标准等。完成表 2-3 确定公众号头像优化设计方案的填写。

表 2-3　确定公众号头像优化设计方案

方案名称			
风格定位			
公众号头像题材			
头像的形状			
字体标准			
确定头像题材			
色彩标准	背景颜色		
	图像颜色		
	字体的颜色		
	具体配色及所占比例	底色	
		主色	
		强调色	

步骤六：完成公众号头像的设计图
操作提示：请根据设计需求以及设计方案，完成初步的设计草图。

三、任务评价

子任务一设计与制作 Logo 和头像评价如表 2-4 所示。

表 2-4 子任务一设计与制作 Logo 和头像评价

编号	任务名称	分值	正确率 /%	得分
1	明确设计需求	10		
2	确定商城 Logo 设计方案	10		
3	完成商城 Logo 设计图	15		
4	制作 Logo 并上传到商城店铺	20		
5	确定公众号头像设计方案	20		
6	完成公众号头像的设计图	25		
	合计	100		

子任务二　设计与制作核心视觉记忆点

一、任务准备

（一）知识准备

知识点一：核心视觉记忆点

核心视觉记忆点包括店铺专属 VI（visual identity），标准色彩，标准字体 3 个方面。店铺专属 VI 即店铺专属视觉识别，主要是由标志、标准色彩、标准字体为核心展开的完整的视觉传达识别体系，是将企业理念、文化物质、服务内容、企业规范等抽象语意转换为具体符号的概念，塑造企业独特形象。标准色彩即自己品牌的主色调，合理搭配辅助色。标准字体是指从字库中挑选出来的符合店铺和商品的形象定位的中文、英文和数字字体。

知识点二：核心视觉记忆点设计原则

核心视觉记忆点的内容必须反映出店铺的经营理念、经营方式、价值观念和文化特征，并且和店铺的行为相辅相成，其设计原则包括 4 个方面：风格统一、易于识别、系统规范、运用有效。

(二)操作准备

步骤一:分析同行业商城首页视觉设计

从商城整体风格、色彩搭配、字体使用、Logo、Banner 等方面进行视觉设计分析,扬长避短,为接下来商城首页的视觉设计做准备。

【随堂作业】 对唐韵温泉度假村小程序商城的整体风格、色彩搭配、Logo 等方面进行视觉设计分析,明确商城的装修风格、色彩搭配、字体使用,完成设计分析表。

步骤二:确定商城 VI 标准体系

VI 标准体系的作用是利用统一的视觉符号系统,使买家快速识别和认知品牌形象,是商城和品牌形象最直接也最有效的表达方式,其主要从商城专属 VI 标准体系的色彩、字体、标志 3 个方面来进行设计。

【随堂作业】 对唐韵温泉度假村商城首页视觉设计分析,确定商城 VI 标准体系,能够从色彩、字体的设计反映产品特点,制作商城 VI 标准体系确定表。

(三)任务要领

1. 确定商城风格标准色的设计构想

店铺页面标准色彩的确定是建立在企业经营理念、经营策略、发展方向等内在因素基础之上的。在标准色制作时,可以从以下 4 个阶段进行。

(1)商城色彩情况调查阶段。

(2)表现概念阶段。

(3)色彩形象阶段。

(4)效果测试阶段。

2. 确定商城风格标准字的设计构想

每个人都有自己喜欢的字体,但自己喜欢的字体并不可能在任何时候都适合使用,只有样式特点与合适的图案相结合时,才能发挥出字体的力量感。

标准字与常用美术字有所区别,它能准确地表达店铺的理念、产品的特性、发展的方向等。面对当今各种制作方法的更新,标准字的表现形式也更加丰富。如何能设计出符合有营销导向的店铺页面标准字的设计,可以从以下几个方面进行构思。

(1)调整字体笔画,对笔画进行变形。

(2)对字体形式进行变换。

(3)根据字体结构进行变形。

(4)通过 PS 处理使字体形象化。

(四)任务流程

子任务二设计与制作核心视觉记忆点操作流程如图 2-6 所示。

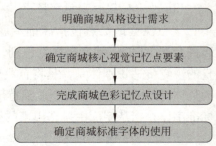

图 2-6 子任务二设计与制作核心视觉记忆点操作流程

二、任务操作

操作要求：根据操作提示逐步完成商城的核心视觉记忆点视觉设计。

步骤一：明确商城风格设计需求

请关注公众号浙江唐韵温泉度假村股份有限公司，查看该企业在携程、飞猪、驴妈妈、抖音上的信息，了解该公司的背景资料、企业文化、建筑物特色等。唐韵温泉同行店铺的点击量和转化率远远高于唐韵温泉，调研后发现是唐韵温泉商城的风格不一致，无论是色彩还是字体的设计都非常普通，没能给客户留下深刻的印象。对店铺的风格重新定位，关键要突出核心记忆点，让客户浏览过店铺就能留下深刻印象，从而提高点击量和转化率。

请根据以上背景信息，完成表2-5明确设计需求的填写。

表2-5　明确设计需求

商城风格	
消费人群、年龄	
产品特点	
同行产品经营及销售情况	优点： 缺点：
核心记忆点	1. 2. 3.
相似风格店铺核心记忆点参考	

步骤二：确定商城核心视觉记忆点要素

明确了解需求后，选择合适商城的核心记忆点内容，并确定核心记忆点设计的相关要素。完成表2-6确定核心视觉记忆点设计要素的填写。

表2-6　确定核心视觉记忆点设计要素

核心视觉记忆点要素	具体内容
标准字的种类	
标准字的特性	
标准字的设计方法	
在商城页面呈现的位置	
配图	
商城页面色彩的构思	
商城页面色彩设定方式	

步骤三：完成商城色彩记忆点设计

浙江唐韵温泉度假村股份有限公司的建筑、文化都是唐代风格为主题的，因此，唐韵温泉店铺整体风格应该与企业文化一致，这样才能加深客户对店铺的印象。唐代风格的色彩标准和辅助色多数都是以下几种。

（1）唐代风格色彩标准色常见有白色、灰色、朱红、深红、琉璃黄。

（2）唐代风格的色彩辅助色常见有褐色、棕色、群青、草绿、天蓝、橘黄。

图 2-7 为原先商城的页面，现需要对唐韵温泉页面的色彩标准进行优化，能够给客户留下深刻的印象达到核心视觉记忆点的要求，从而提高点击量和转化率。

写出唐韵温泉小程序商城色彩记忆点设计的过程。

图 2-7　唐韵温泉微商城页面

图 2-8 为原唐韵温泉商城装修所用到的字体，现需要对原商城的字体进行优化。可以参考前面所提到的标准字体设计构想，然后使用第三方平台或 PS 软件对字体进行优化，从而完成核心视觉记忆点字体的优化设计，考核设计的核心视觉记忆点好坏的标准数据，就是触达用户后真实的转化率和成交量。

工作领域二　社交营销页面设计与发布

图 2-8　唐韵温泉商城装修字体

步骤四：确定商城标准字体的使用

完成标准化字体优化草图。

三、任务评价

子任务二设计与制作核心视觉记忆点评价如表 2-7 所示。

表 2-7　子任务二设计与制作核心视觉记忆点评价

编号	任务名称	分值	正确率/%	得分
1	明确商城风格设计需求	25		
2	确定商城核心视觉记忆点要素	25		
3	完成商城色彩记忆点设计	25		
4	确定商城标准字体的使用	25		
	合　　计	100		

■ 子任务三　设计与发布微商城首页

一、任务准备

（一）知识准备

知识点一：微商城

微商城，又称移动端店铺，是一种能够让人们在手机 App 里浏览的同时进行购买，且通过各种移动支付手段进行支付，完成交易的手机 App 平台。微商城装修的必要性在于 3 个方面：对品牌进行有效识别、方便顾客寻找所需的商品信息、提高店铺的销量。

微商城首页装修前后对比图

知识点二：移动端店铺装修与 PC 端店铺装修的区别

移动端店铺装修与 PC 端店铺装修的区别为 4 个方面：①点击率不同，正常情况下，移动端的点击率相当于 PC 端点击率的 5 倍。②访客深度与时长不同，移动端店铺不分时段和场合。③转化形式不同，PC 端转化形式为与买家沟通，甚至向卖家讨要赠品或折扣、砍价等，而移动端更多的是静默转化，即在不询单的情况下直接在后台下单购买。④排名不同，PC 端展示广告位虽然比移动端要多，但流量太分散；而移动端展示位较少，流量集中，所以商品排名靠前，点击率就会增多。

知识点三：搭建和装修微商城注意的影响因素

搭建和装修微商城注意的影响因素有 4 个方面：①刻画用户画像，用户画像七要素分别是基本性、同理性、真实性、独特性、目标性、数量性、应用性。②塑造品牌调性，主要包括品牌故事、品牌主广告语、品牌价值诉求及品牌形象展示等。③选择主营品类，货品被归为哪种类别直接影响商品搜索的精准度及曝光量，影响商品的销量。④SKU（库存进出的计量单位）是品牌识别的基本单元，便于商品管理、库存盘点等。

（二）操作准备

（1）准备好已经连接互联网的 PC 端计算机和移动端智能手机。

（2）在 PC 端计算机上提前安装好常用的浏览器、Office 工具软件、Photoshop 软件等。

（3）提前注册好创客贴、凡科商城网站的会员。

（4）提前关注公众号浙江唐韵温泉度假村股份有限公司，了解该公司的背景信息和业

（5）在千图网、花瓣网等网站搜索了解各种风格的Banner、商城首页设计图。

（6）整理收集的Banner、商城首页设计图，并分析它们的设计特点。

（三）任务要领

1. 微商城首页装修要点

无论是实体店还是微商城，装修是否能吸引顾客的注意力、是否能突出自己产品的特色，都是至关重要的。所以，在确定装修风格之前，每个店家需要认真思考这些问题。微商城首页装修要从以下几方面考虑。

（1）微商城整体色调的选择。

（2）页面结构要符合顾客浏览习惯。

（3）店招的设计要突显重要信息。

（4）导航设计要彰显商城个性。

（5）商城轮播图设计要展示最新信息。

2. 微商城首页设计要求

一张优秀的首页设计，通常都具备3个元素：合理的背景、优秀的文案和醒目的产品信息。如何做到这几点呢？

（1）首页信息元素的间距。在首页中文字的表现，可以看到其中文字的间距非常有讲究，能够让顾客非常容易抓住重点，易于阅读。

（2）首页中字体不能超过3种。在首页文案设计中，需要使用不同的字体来提高文本的设计感和阅读感，但是不能超过3种字体，很多看上去画面凌乱的首页，就是因为字体使用太多而显得不统一。

（3）首页的色彩不宜繁多。首页的配色十分关键，画面统一，尽量不要超过3种颜色。可以针对重要的信息，用高亮醒目的颜色来进行强调和突出。

3. 微商城首页布局

一般来说，微商城首页框架布局由店名、微商城公告、轮播放广告、活动区、热销推荐区、商品分类区等要素组成。

（1）Logo和店名：在微商城首页中，Logo和店名是微商城的形象标识。

（2）公告：微商城的公告通常以文字来说明微商城优势、商品卖点、促销信息或服务内容。

（3）Banner：微商城的横幅广告。

（4）导航：导航不但起到分流的作用，在设计时还要特别注意它的导游功能。

（5）活动专区：可以通过设计优惠券的形式来展现，合理利用优惠券。

（6）热销推荐区：以展现新品和主打产品为主。

（7）商品分类区：商品分类要合理、清晰，能把众多的商品进行科学分类展现在商品分类区，不但方便顾客查看，还会直接影响微商城的转化率。

（四）任务流程

子任务三设计与发布微商城首页操作流程如图2-9所示。

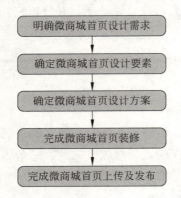

图2-9　子任务三设计与发布微商城首页操作流程

二、任务操作

操作要求：根据操作提示逐步完成商城的首页重新装修，并上传、审核及发布。

步骤一：明确微商城首页设计需求

在动手为唐韵温泉小程序商城首页重新装修之前，需要明确设计需求，了解公司和行业背景，产品的内容和特点以及顾客画像。移动电商首页装修与PC端首页不同，其首页的模块及装修的侧重点也不相同。因此在移动端首页的装修和PC端的装修也必然有所不同。

请登录浙江唐韵温泉度假村股份有限公司小程序商城首页，了解原来商城装修的模块内容。要求根据原来商城首页存在的问题进行优化，并重新上传及发布优化后的首页相关模块。

请根据以上的背景信息，完成表2-8明确首页设计需求。

表2-8　明确首页设计需求

□ 企业名称
□ 企业文化
□ 主营产品
□ 目标受众分析
□ 竞争对手分析

步骤二：确定微商城首页设计要素

明确设计需求后，还需要进一步确定商城首页设计要素。完成表 2-9 商城首页装修要素的填写。

表 2-9　商城首页装修要素

商城首页要素	具 体 内 容
整体色彩的选择	
首页结构图片与文字的比例	
产品展示方式	
商城店招	
商城轮播图	
配图	

步骤三：确定微商城首页设计方案

上一步已经明确首页设计需求，现在需要确定微商城的首页设计风格，主体配色，首页模块设计，页面布局等，见表 2-10。

表 2-10　确定微商城首页设计方案

首页名称			
微商城风格			
使用元素			
模块设计		模块内容	设置原因
Banner 设计	尺寸大小		
	Banner 数量		
	选择商品		
	文案设计		
确定微商城 VI 标准体系	微商城标志		
	标准色彩		
	标准字体		
版面构图			

步骤四：完成微商城首页装修

在中联社交电商实训平台装修店铺首页，确定页面名称、店铺信息、页面描述及背景颜色，对店铺的结构布局、店招、广告轮播图、图文导航、商品展示方式等进行优化装修，完成后保存。微商城首页装修如图 2-10 所示。

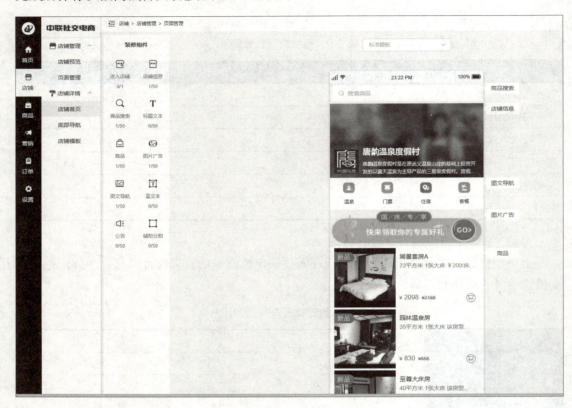

图 2-10　微商城首页装修

步骤五：微商城首页上传及发布

唐韵温泉电商部的员工设计和制作完成微商城的首页后，完成上传与发布。

三、任务评价

子任务三设计与发布微商城首页评价见表 2-11。

表 2-11　子任务三设计与发布微商城首页评价

编号	任务名称	分值	正确率 /%	得分
1	明确微商城首页设计需求	10		
2	确定微商城首页设计要素	15		
3	确定微商城首页设计方案	15		
4	完成微商城首页装修	25		
5	完成微商城首页上传及发布	35		
	合　　计	100		

任务二　设计与发布产品页面

任务情境

唐韵温泉度假村2019年在小程序兴起时设计搭建了自己的小程序平台——唐韵温泉度假村。唐韵温泉度假村坐落于"中国温泉之城·东方养生胜地"的金华市武义县，现占地170余亩，是集温泉沐浴、客房餐饮、商旅会议、棋牌娱乐、疗养度假等多种功能于一体的生态健康旅游的胜地。五一小长假快到来了，唐韵温泉为了做好社群运营裂变，使用户互拉入群、相互介绍、反复裂变、形成规模，需要对产品设计封面图、主图和产品详情页。

1. 现状分析

（1）社交平台抖音的封面图分析。唐韵温泉度假村在社会平台抖音上的封面图过于简单，没有把突显主题的图片放在中间，没有在封面上添加营销文字，所有的封面图都只是随意拍摄的几张图片，如图2-11所示。

（2）社交平台公众号产品的封面图分析。唐韵温泉度假村公众号3篇文章使用了同一幅封面图，图文的制作质量不高、种类单一，缺乏吸引顾客注意力的元素，所用的底图和文字没有构成反差，没能给观众带来冲击力，色彩搭配不合理导致社交平台点击量不高，如图2-12所示。

图2-11　抖音的封面图

图2-12　公众号封面图

（3）小程序商城的产品主图分析。唐韵温泉度假村小程序商城的产品主图过于简单，只是一张原图，缺乏产品卖点介绍、活动信息、视觉冲击力等，如图 2-13 所示。

（4）小程序商城的产品详情页分析。唐韵温泉度假村小程序商城商品详情页还在更新中，缺乏对商品详情的介绍，导致将顾客引进该商品后，客户看到空白的详情页介绍后会对该商品失去信心，给顾客留下很不好的印象，前期所做的推广都白费了，同时也让顾客觉得该企业不够专业，做事不够严谨，如图 2-14 所示。

图 2-13　小程序商城产品主图

图 2-14　小程序商城商品详情页

（5）唐韵温泉度假村产品包装展开图分析。唐韵温泉度假村活动礼品没有包装，或只是一个普通的塑料袋子，没能通过活动礼品的包装让顾客对本次活动留下深刻的印象，从而影响推广的效果。

2. 存在问题

根据唐韵温泉度假村在社交平台上的封面图，小程序商城的主图和详情页，还有活动礼品的包装现状来看，主要存在以下问题。

（1）社交平台上的封面图没能突显主题，重复使用封面图。抖音、公众号等社交平台的封面没能突显主题，大部分的活动都是使用同一张封面图，缺乏针对性，不能及时向消费者传递唐韵温泉的活动促销信息，底图和文字没能通过构成大的反差带给观众较大的冲击力。

（2）小程序商城产品主图缺乏视觉冲击力。小程序商城产品主图缺乏视觉冲击力，所有的主图都是一些简单的温泉图片，没有文字内容和突出主题的小元素，主图没有突出卖点信息，和普通的产品图没有区别。

（3）小程序商城产品缺乏产品详情页。唐韵温泉度假村小程序商城的产品缺乏详情介绍，没有对该产品的基本属性、核心卖点、差异化等关键要素进行展示。

（4）促销活动赠送小礼品没有包装。唐韵温泉度假村想要通过促销活动感谢新老顾客对企业的支持，同时通过促销活动让更多的顾客利用社群营销特点传递给身边更多的人了解这款产品，但是促销活动的赠送小礼品没有包装，让顾客觉得该企业不够有诚意，比较随意，推广效果大打折扣。

3. 破局之法

社交平台封面图、小程序产品主图与详情页、促销活动赠送礼品包装的设计都不是简单的图片 + 文字，它需要企业分析好产品的卖点，讲好自己的故事，其核心就是让用户知道你是谁，做什么的，代表什么，要传递的内容，能给顾客带来什么实质上的优惠。然后持续不断地做下去，才能吸引更多的顾客关注你，选择你的产品，愿意为你做宣传。

（1）设计与制作产品封面图和主图。根据产品核心利益点、人群属性、传播机制，有针对性地设计具有视觉冲击力的封面图。根据产品卖点、促销活动信息、小程序商城的要求，设计具有营销导向的产品主图。

（2）设计与制作产品详情页。根据产品的基本属性、卖点、差异化等关键要素，设计制造产品介绍页面。

（3）设计产品包装展开图。根据产品的外形大小、重量、印刷技术、包装材质等因素制作符合社交属性的产品包装展开图。

■ 子任务一　设计与制作产品封面图和主图

一、任务准备

（一）知识准备

知识点一：产品主图与社交平台封面图

产品主图是微详情。优质的产品主图，是微商城盈利的基础，对目标人群有吸引力，能给顾客带来好的购物体验。主图的卖点会对成交产生影响。社交平台封面图是打开社交平台第一眼看到的图，封面图选得好，可以快速准确地向粉丝传达信息，吸引粉丝阅读。

"愚人"节活动公众号推文封面图

知识点二：商品主图设计的注意事项

商品主图设计要清晰、主体突出、画面简洁、视觉冲击力强。并且在设计过程中，需要参考竞争对手，在自己的优势范围内设计形象生动的主图，展现自身卖点；主图的内容要清晰可见，背景简单明了；主图如同网站的主页一样，更换需小心谨慎，更换频率不宜过勤。

知识点三：商品核心利益点

商品核心利益点可理解为商品优势、商品优点、商品的特点，也可理解为自家商品和他家商品的不同特点，更具有竞争力和优势的点。在销售过程中，用户或多或少会关注商品某些要点，并在心理上认同该商品的价值，这时便是达成交易的最佳时机。

（二）操作准备

（1）准备好已经连通互联网的 PC 端计算机和移动端智能手机。

（2）在 PC 端计算机上提前安装好常用的浏览器、Office 工具软件、Photoshop 软件等。

（3）提前注册好凡科商城、创客贴或图司机网站的会员。

（4）提前关注公众号浙江唐韵温泉度假村股份有限公司，了解该公司的背景信息和业务资料。

（5）在千图网、花瓣网等网站搜索了解各种产品的主图、封面图等。

（6）选择素材、建立素材库。选择素材时需要注意以下几点：清晰整洁、曝光正确、展现角度合理、商品完整。

（7）写下主图和封面图的初步构想。

图片使用要避免侵权

_____
_____

（三）任务要领

1. 设计产品主图尺寸

产品主图尺寸多是 800 像素 ×800 像素，可以为 JPG、PNG、GIF 格式，在设计产品主图时，图片一定要清晰，主题与背景要主次分明，图片中的文字大小要合适、简洁明了、突出卖点，这样产品主图才会更加美观，更能吸引消费者。

2. 产品主图设计思路

社群电商想要成功引流，产品主图也是其重要因素之一。既然主图的重要性不言而喻，那么在社群电商主图设计时，应该有哪些思路呢？

（1）挖掘客户需求。做社群电商的大多会挖空心思做宣传，例如，别人的减肥产品只能减肥，我的减肥产品不但能减肥，还能排湿毒，让你变美；别人的伞只能遮阳，我的伞却能让你在这个夏天变美。创造多场景用途，让客户想象这个东西物超所值——我一定要买，工作生活必不可少。

（2）寻找差异点。消费者最关注的点是什么？通过材质、生产工艺、原材料寻找差异点。利用与消费者有关的大白话表达出来，拒绝千篇一律的工业化表达。简单地讲，就是说人话，接地气。将产品卖点转化成消费者语言。

（3）差异化表达。避开同质化千篇一律的视觉表现手法，找到差异点来演绎。展示产品功能、颜值、质量、款式和性价比。我比其他家更好，究竟好在哪里？我的承诺是什么？

（4）品牌视觉调性。让客户 3 秒记住你这个品牌的技巧：首先，设定一个简单好记又有趣的符号、手势，方便品牌建立自己独有的视觉差异点。将产品卖点特性和品牌承诺相结合，利用特写视角来解读利益点。塑造品牌独特的人设记忆符号、产品记忆符号来区别其他产品的视觉差异化。例如，江小白的眼镜人，昊信地产的大头像，创始人就是品牌最好的代言人。其次，精灵可爱的小动物、也可以采用符合品牌调性的卡通形象。为什么品牌要请明星代言，因为顾客有时候不一定是因为需要才去购买，而是因为喜欢，所以要买。

（5）戏剧化落地。情理之中、意料之外的创意表达，手势和围观元素相结合。将产品演示在客户的日常工作生活场景中，一秒代入感。与客户建立互动体系，增强归属感。给粉丝起一个具有特殊意义的名字，让每个人都为这个团体而骄傲自豪。

3. 封面图制作

（1）将视频中最精彩的画面，或能突显主题的图片放在中间，再用对比度强烈的立体字作为标题放在封面上。

（2）每一张背景都相同，形成一种固定的封面风格，后续都统一沿用此格式制作封面。统一的封面格式会让主页十分整齐，当用户被你的视频吸引点进主页时，也能看到更多的信息。

公众号封面图的常见类型

（四）任务流程

子任务一设计与制作产品封面图和主图操作流程如图 2-15 所示。

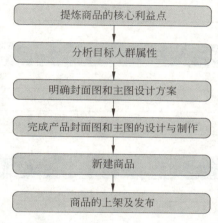

图 2-15　子任务一设计与制作产品封面图和主图操作流程

二、任务操作

操作要求：根据操作提示逐步完成商品主图和封面图的设计。

步骤一：提炼商品的核心利益点

提炼商品核心利益点是进行商品封面图和主图设计的前提。深入了解唐韵温泉度假村，根据提炼商品核心利益点的技巧，找出唐韵温泉度假村的核心利益点，并阐明理由。

提炼商品核心利益点技巧

核心利益点 1：_____

理由：_____

核心利益点 2：_____

理由：_____

核心利益点 3：_____

理由：_____

步骤二：分析目标人群属性

调研唐韵温泉度假村的数据资料，例如小程序商城、抖音及官方网站等后台的客户数据，并参考温泉度假村行业的分析报告等资料，或通过问卷星小程序的方式，尝试分析其目标人群属性,并对目标人群属性进行用户画像。完成表 2-12 目标人群属性分析的填写。

表 2-12 目标人群属性分析

人设属性	
年龄	
性别	
职业	
收入(年)	
家庭状况	
教育程度	
地域	
行动属性	
行为模式	
生活场景	
消费场景	
消费路径	
内容偏好	
兴趣爱好	
触媒习惯	
社交分享偏好	
社交分享频率	
购物行为	
产品认知情况	
使用情况	
购买频率	
好感度	

结论:＿＿＿＿＿＿＿＿＿＿＿＿＿＿＿＿＿＿＿＿＿＿＿＿＿＿＿＿＿

步骤三:明确封面图和主图设计方案

提炼完商品核心利益点、了解目标人群属性后,还需要确定封面图和主图的尺寸、设计风格、主体配色、版式框图等设计方案。完成表 2-13 确定封面图和主图设计方案的填写。

表 2-13 确定封面图和主图设计方案

封面图尺寸	
主图尺寸	
确定主体位置	

续表

封面图的类型	
主图设计思路	
展现内容	
文案设计	
色彩搭配	
字体字号	
其他要求	

步骤四：完成产品封面图和主图的设计与制作

1. 完成封面图和主图的草图设计

请根据设计需求以及设计方案，完成初步的设计草图。

2. 完成商品封面和主图的电子版制作

选择自己熟悉的制图工具，如懒设计、图司机、创客贴等在线图片处理工具完成此操作。

步骤五：新建商品

在中联社交电商实训平台新建商品，确定好商品名称、商品类目、分享描述、商品描述、商品分组、价格库存、物流信息，将制作好的商品主图添加到商品图的位置，完成后进行保存。新建商品如图 2-16 所示。

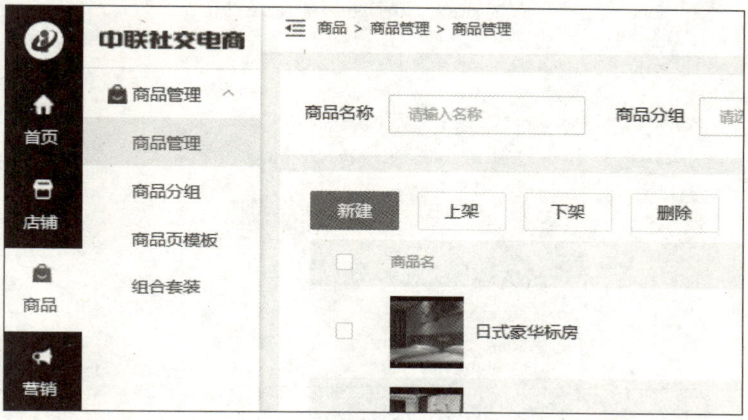

图 2-16　新建商品

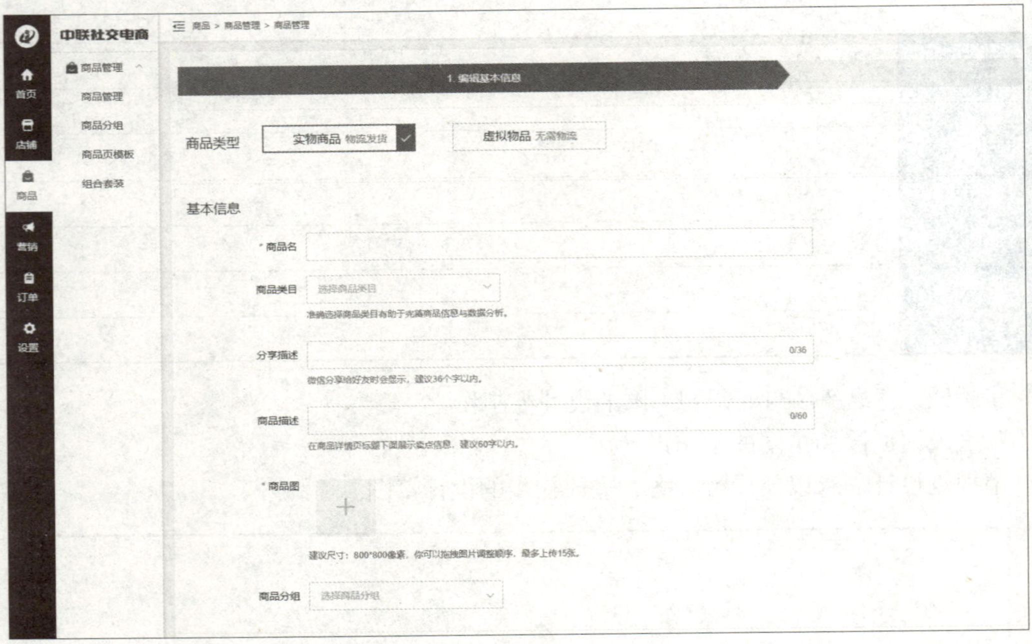
中联社交电商
商品管理
商品管理
商品分组
商品页模板
组合套装
首页
店铺
商品
营销
订单
设置
商品 > 商品管理 > 商品管理
1. 编辑基本信息
商品类型
实物商品 物流发货
虚拟物品 无需物流
基本信息
* 商品名
商品类目
选择商品类目
准确选择商品类目有助于完善商品信息与数据分析。
分享描述
0/36
微信分享给好友时会显示，建议36个字以内。
商品描述
0/60
在商品详情页标题下面展示卖点信息，建议60字以内。
* 商品图
建议尺寸：800*800像素，你可以拖拽图片调整顺序，最多上传15张。
商品分组
选择商品分组

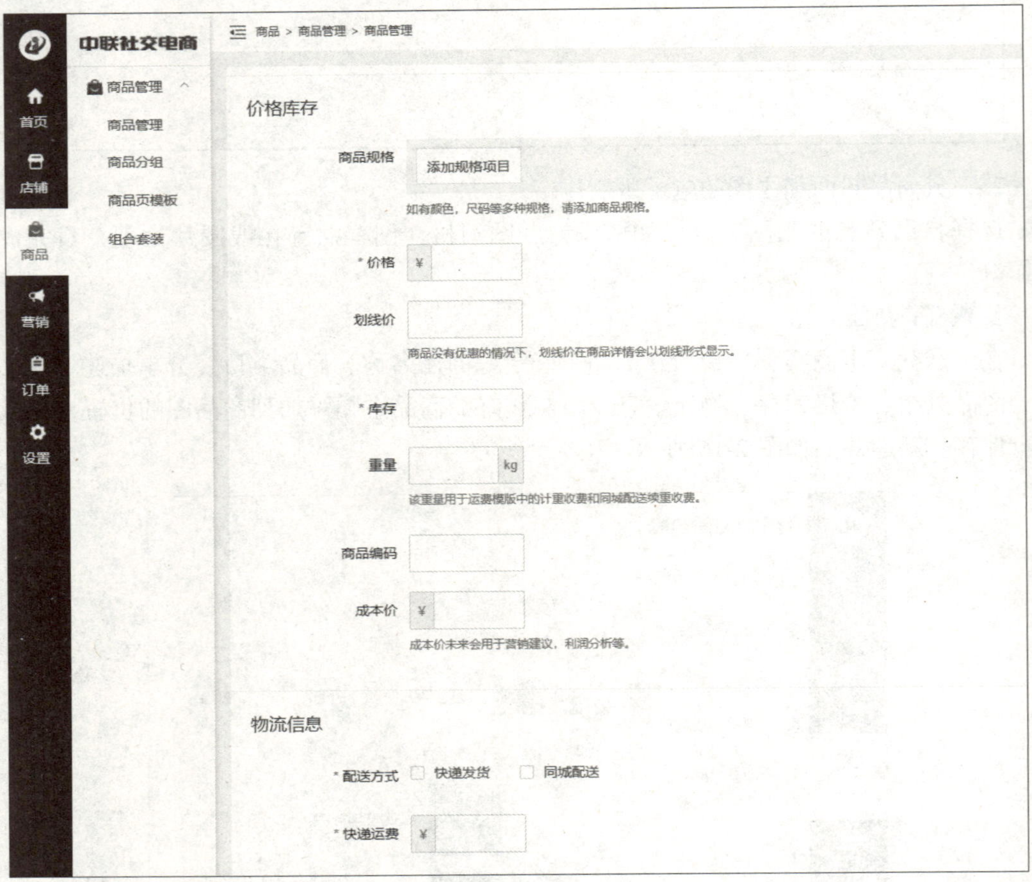
中联社交电商
商品管理
商品管理
商品分组
商品页模板
组合套装
首页
店铺
商品
营销
订单
设置
商品 > 商品管理 > 商品管理
价格库存
商品规格
添加规格项目
如有颜色，尺码等多种规格，请添加商品规格。
* 价格
¥
划线价
商品没有优惠的情况下，划线价在商品详情会以划线形式显示。
* 库存
重量
kg
该重量用于运费模版中的计重收费和同城配送续重收费。
商品编码
成本价
¥
成本价未来会用于营销建议，利润分析等。
物流信息
* 配送方式
快递发货
同城配送
* 快递运费
¥

图 2-16（续）

步骤六：商品的上架及发布

在中联社交电商实训平台新建完商品后，需要对指定的商品进行上架，上架的商品顾客才可以在店铺浏览下单。商品上架及发布如图 2-17 所示。

图 2-17　商品上架及发布

待商品封面图和主图设计制作完成后，还需要将制作好的封面图和主图上传发布到相应的社交平台。

封面图上传发布到抖音需要注意事项：_____
_____

封面图上传发布到公众号需要注意事项：_____
_____

商品主图上传发布到小程序商城需要注意事项：_____
_____

三、任务评价

子任务一设计与制作产品封面图和主图评价如表 2-14 所示。

表 2-14　子任务一设计与制作产品封面图和主图评价

编号	任务名称	分值	正确率 /%	得分
1	提炼商品的核心利益点	10		
2	分析目标人群属性	15		
3	明确封面图和主图设计方案	15		
4	完成产品封面图和主图的设计与制作	20		
5	新建商品	20		
6	商品的上架及发布	20		
	合　计	100		

子任务二　设计与制作产品详情页

一、任务准备

（一）知识准备

知识点一：产品详情页

产品详情页是微商城的内容，不仅向顾客展示商品的规格、颜色、细节、材质等具体信息，还向顾客展示产品的优势。客户在微商城首页搜索并单击产品主图后，会直接进入产品详情页。产品详情页的设计好坏直接影响成交量与转化率。由于展示空间有限，产品详情页在移动端要保证内容高度浓缩、信息清晰无误，以减少用户疑虑，促进客户下单，快速成交。

知识点二：FAB 法则

FAB 法则，即属性（feature）、作用（advantage）、益处（benefit）。属性：产品有哪些特点和属性，为能看得到、摸得着的内容。作用：从特性引发的用途，即产品属性给客户带来的作用或优势。益处：作用或优势会给客户带来的利益，对顾客的好处。

知识点三：移动端详情页特征

移动端的详情页相对 PC 端详情页而言，有以下 4 个特征：①尺寸更小。移动端的展示宽度一般为 750 像素，一屏的高度不超过 960 像素。②卖点更精炼。移动端更加注重快速放大卖点，吸引顾客注意，卖点更加精练。③页面切换不便。因此，它的图片及引导文字要清晰且具有吸引力，快速打动顾客。④页面文件的容量更小。

（二）操作准备

（1）准备好已经连通互联网的 PC 端计算机和移动端智能手机。

（2）在 PC 端计算机上提前安装好常用的浏览器、Office 工具软件、Photoshop 软件等。

（3）提前注册好凡科商城、创客贴或图司机网站的会员。

（4）提前关注公众号浙江唐韵温泉度假村股份有限公司，了解该公司的背景信息和业务资料。

（5）在千图网、花瓣网等网站搜索了解各种产品的详情页。

（6）素材选择、建立素材库。素材选择时需要注意以下几点：清晰整洁、曝光正确、展现角度合理、商品完整。

（7）写下详情页的初步构想。

（三）任务要领

1. 产品详情页的设计规范

产品详情页是对商品的使用方法、材质、尺寸、细节等方面的属性内容进行展示，同时，有的店家为拉动微商城内其他商品的销售，或提升微商城的品牌形象，还会在宝贝详情页中添加搭配套餐、企业简介等信息，来树立商品的形象，提升顾客的购买欲望。

通常情况下，产品详情页面的宝贝描述图的宽度是750像素，高度不限，产品详情页是直接影响成交转换率的，其中的设计内容要根据商品的具体内容来定义，图片处理美观，才能让微商城看起来比较正规、专业，这样对顾客才更有吸引力，这就是设计产品详情页的基本要求。

产品详情页设计应遵循的原则

2. 移动端详情页的设计要点

基于移动端详情页的特征，在设计制作移动端详情页时需要注意以下3点。

（1）图片设计要点。商品图片的背景要尽量小一些，否则，商品图片经过编辑、压缩后，很多想要表现的内容都无法展现出来。

（2）文字设计要点。图片的文字、商品信息和商品描述文字都不能太小，否则容易造成诉求不清楚。

（3）商品卖点设计。商品卖点要突出，这要求控制好页面展示的信息量，可以省略一些无关紧要的内容。

（四）任务流程

子任务二设计与制作产品详情页操作流程如图2-18所示。

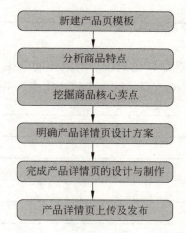

图2-18　子任务二设计与制作产品详情页操作流程

二、任务操作

操作要求：根据操作提示完成唐韵温泉度假村的产品详情页设计与制作。

步骤一：新建产品页模板

在中联社交电商实训平台新建商品页模板，确定好模板名称、基本信息区，将制作好的产品详情页上传到商品详情区，填写好后进行保存。

步骤二：分析商品特点

选择唐韵温泉度假村的某一类商品（如唐韵温泉住店客户门票、客房套票等），可以从商品的基本属性、目标受众、差异化等关键要素进行商品的分析，如表2-15所示。

表 2-15　商品特点分析

☐ 基本属性
　1. 商品类目＿＿＿＿＿＿＿＿＿＿＿＿＿＿＿＿＿＿＿＿＿＿＿＿＿＿＿＿＿＿＿＿
　＿＿＿＿＿＿＿＿＿＿＿＿＿＿＿＿＿＿＿＿＿＿＿＿＿＿＿＿＿＿＿＿＿＿＿＿＿
　2. 商品组合＿＿＿＿＿＿＿＿＿＿＿＿＿＿＿＿＿＿＿＿＿＿＿＿＿＿＿＿＿＿＿＿
　＿＿＿＿＿＿＿＿＿＿＿＿＿＿＿＿＿＿＿＿＿＿＿＿＿＿＿＿＿＿＿＿＿＿＿＿＿
　3. 商品价格＿＿＿＿＿＿＿＿＿＿＿＿＿＿＿＿＿＿＿＿＿＿＿＿＿＿＿＿＿＿＿＿
　＿＿＿＿＿＿＿＿＿＿＿＿＿＿＿＿＿＿＿＿＿＿＿＿＿＿＿＿＿＿＿＿＿＿＿＿＿
　4. 促销策略＿＿＿＿＿＿＿＿＿＿＿＿＿＿＿＿＿＿＿＿＿＿＿＿＿＿＿＿＿＿＿＿
　＿＿＿＿＿＿＿＿＿＿＿＿＿＿＿＿＿＿＿＿＿＿＿＿＿＿＿＿＿＿＿＿＿＿＿＿＿
　5. 商品属性＿＿＿＿＿＿＿＿＿＿＿＿＿＿＿＿＿＿＿＿＿＿＿＿＿＿＿＿＿＿＿＿
　＿＿＿＿＿＿＿＿＿＿＿＿＿＿＿＿＿＿＿＿＿＿＿＿＿＿＿＿＿＿＿＿＿＿＿＿＿

☐ 目标受众分析

☐ 差异化分析

步骤三：挖掘商品核心卖点

挖掘商品核心卖点是进行产品详情页设计与制作的前提。深入了解唐韵温泉度假村中的一款商品，根据 FAB 法则挖掘该商品的 3 个核心卖点，并阐明理由。

核心卖点 1：＿＿＿＿＿＿＿＿＿＿＿＿＿＿＿＿＿＿＿＿＿＿＿＿＿＿＿＿＿＿＿
理由：＿＿＿＿＿＿＿＿＿＿＿＿＿＿＿＿＿＿＿＿＿＿＿＿＿＿＿＿＿＿＿＿＿＿
核心卖点 2：＿＿＿＿＿＿＿＿＿＿＿＿＿＿＿＿＿＿＿＿＿＿＿＿＿＿＿＿＿＿＿
理由：＿＿＿＿＿＿＿＿＿＿＿＿＿＿＿＿＿＿＿＿＿＿＿＿＿＿＿＿＿＿＿＿＿＿
核心卖点 3：＿＿＿＿＿＿＿＿＿＿＿＿＿＿＿＿＿＿＿＿＿＿＿＿＿＿＿＿＿＿＿
理由：＿＿＿＿＿＿＿＿＿＿＿＿＿＿＿＿＿＿＿＿＿＿＿＿＿＿＿＿＿＿＿＿＿＿

步骤四：明确产品详情页设计方案

明确产品详情页的设计方案，也就是要有一条清晰有条理的逻辑主线，这个方案有足够的合理及可行性。请分别从商品的基本属性、核心卖点、促销活动、售后服务、温馨提示等几个模块为唐韵温泉度假村中的一款商品策划一份详情页设计方案，如表 2-16 所示。

表 2-16　产品详情页设计方案

商品名称	
详情页的整体设计思路	
详情页的模块安排	

续表

焦点图设计	焦点图的主题	
	配色方案	
	主要字体	
	构图方式	
	文案设计	
	参考案例	
商品基本属性	构图方式	
	图片素材的选择	
	信息提取	
细节图和卖点模块	核心卖点提炼	
	图片素材选择	
	排版布局	
其他模块	售后服务	
	温馨提示	

步骤四：完成产品详情页的设计与制作

1. 完成产品详情页的草图设计

根据设计方案，完成初步的设计草图。

2. 完成产品详情页的电子版制作

选择自己熟悉的制图工具完成此操作。

步骤五：产品详情页上传及发布

产品详情页设计制作完成后，上传发布到中联实训平台商品详情页位置。

产品详情页上传发布到小程序商城的注意事项：_____

_____

三、任务评价

子任务二设计与制作产品详情页评价如表2-17所示。

表 2-17　子任务二设计与制作产品详情页评价

编号	任务名称	分值	正确率/%	得分
1	新建产品情页模板	15		
2	分析商品特点	15		
3	挖掘商品核心卖点	15		
4	明确产品详情页设计方案	20		
5	完成产品详情页的设计与制作	15		
6	产品详情页上传及发布	20		
	合　计	100		

■ 子任务三　设计产品包装展开图

一、任务准备

（一）知识准备

知识点一：包装展开图

包装的展开图，即包装的各合围面在同一个平面上按序展开。为进行包装的印刷与制作，通常会以展开图方式进行包装的平面设计。印前的展开图设计与制作，其电子文件通常要在尺寸、分辨率、色彩模式和文件格式等方面达到印刷制版要求，才可能取得合格的印刷效果。

知识点二：产品包装展开图的视觉元素设计

包装视觉形象设计主要包括色彩、图形、文字、版式等。色彩的表现关键在于色调的确定，色调由色相、明度、纯度3个基本要素构成，6种基本色调分别是暖色调、冷色调、明色调、暗色调、鲜艳色调、灰色调。图形主要有具象图形、半具象图形和抽象图形3种。版式设计常用的形式有对称式、均齐式和线框式3种。

常见包装材质

（二）操作准备

（1）准备好已经连通互联网的PC端计算机和移动端智能手机。

（2）在PC端计算机上提前安装好常用的浏览器、Office工具软件、Photoshop软件等。

（3）提前注册好凡科商城、创客贴或图司机网站的会员。

（4）提前关注公众号浙江唐韵温泉度假村股份有限公司，了解该公司的背景信息和业务资料。

（5）在千图网、花瓣网等网站搜索了解各种产品包装展开图。

（6）写下产品包装展开图的初步构想。

（三）任务要领

1. 包装定位

在设计产品包装展开图时，应该明确包装定位，那么，怎么进行定位呢？

（1）要结合产品思考，企业的产品卖的是什么，是性价、创意风格还是针对特殊人群研发的，发掘产品在同类商品中的差异化特征，并利用设计突出表现出来。

（2）产品包装设计要因为商品的种类而有所侧重，例如，快消品应当侧重于产品展示和包装宣传，因为快消品包括日用品、零食、饮料之类，多出现于超市货架和便利店这种商品琳琅满目的场景，要想从中"脱颖而出"吸引消费者注意力，包装设计公司的产品包装，就要增加趣味和创意。

2. 包装设计的表现重点

包装设计的表现重点是指表现内容的集中点与视觉语言的冲击点。包装设计的画面是有限的，这归因于其设计对象在空间上的局限性；同时，商品要在很短的时间内为消费者所认可，这又是时间的局限。由于时间与空间的局限，我们不可能在包装上做到面面俱到。如果方方面面都尽力去表现，也就等于什么都没有表现，不仅重点不突出，还会使创意失去价值。在设计时，只有把握要表现的以下重点，在有限的时间与空间去打动消费者，才能形成一个完整而成功的包装设计。

（1）重点展示品牌。

（2）重点表现商品。

（3）重点表现消费群体。

3. 产品包装尺寸

（1）成品尺寸。包装的成品尺寸是指经过模切后成型包装的净尺寸。

（2）出血尺寸。为使包装印张在印后工序的加工中不至于损失其有效画面和信息，而在制版和印刷时，将画面各边的图形色彩进行扩展并超出成品尺寸3mm。这扩展出来的3mm范围是出血范围，印前制作时用"出血线"进行标注。出血范围和成品范围尺寸之和就是包装的出血尺寸。

（3）印刷尺寸。方案设计时，为直观观察包装各方面的效果，我们通常采用成品尺寸作为包装展开图的设计尺寸，但要适当预见印前制作的需要；而在印前制作中，一定要使用出血尺寸进行制作。

4. 有效包装设计的基本要素

有效的包装设计是理解消费者，并让他们自信地确信自己正在做出理性的决定，同时吸引客户情感、文化和偏好。下面是有效包装设计的6个基本要素。

（1）必须引起注意。

（2）必须使品牌和目的明确。

（3）应该能唤起情绪。

(4)应该争取"标志性资产"。
(5)应该捕获和突出独特之处。
(6)应该为其目标受众设计。

(四)任务流程

子任务三设计产品包装展开图操作流程如图 2-19 所示。

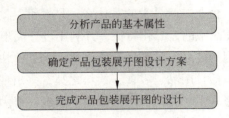

图 2-19　子任务三设计产品包装展开图操作流程

二、任务操作

操作要求：根据操作提示完成唐韵温泉度假村母亲节活动小礼品包装展开图设计。

步骤一：分析产品的基本属性

唐韵温泉度假村想在母亲节当天通过社交平台推广露天温泉套票、客房套票等产品,为能吸引更多的粉丝关注,电商部想在活动当天通过顺丰快递送 50 毫升一瓶的精油给前 20 名进群或进直播间的粉丝,可以从小礼品的外形、大小、运输属性、重量、包装材质等分析小礼品的特点。

产品基础属性如表 2-18 所示。

表 2-18　产品基础属性

小礼品自身情况
1. 小礼品的重量：_____
2. 小礼品的外形：_____
3. 小礼品的大小：_____
4. 运输方式：_____ _____
5. 小礼品瓶子外层是否还有包装：_____ _____
6. 礼品包装选用什么材质：_____ _____

步骤二：确定产品包装展开图设计方案

了解小礼品的基本属性后,还需要确定小礼品包装展开图的展现内容、文案设计、色彩搭配、版式构图等，如表 2-19 所示。

表 2-19　确定产品包装展开图的设计方案

产品包装展开图的尺寸	
包装的定位	
图形设计	
版式设计	
文案设计	
色彩搭配	
字体字号设计	
包装设计表现的重点	
目标受众分析	

步骤三：完成产品包装展开图的设计

（1）根据上面提到的"有效包装设计的基本要素"介绍的方法来完成小礼品包装展开图的草图设计。

（2）完成产品包装展开图的电子版制作，选择自己熟悉的制图工具完成此操作。

三、任务评价

子任务三设计产品包装展开图评价如表 2-20 所示。

表 2-20　子任务三设计产品包装展开图评价

编号	任务名称	分值	正确率/%	得分
1	分析产品的基本属性	20		
2	确定产品包装展开图设计方案	35		
3	完成产品包装展开图的设计	45		
	合计	100		

任务三　设计与发布推广页面

任务情境

浙江唐韵温泉度假村有限公司地处武义壶山省级森林公园内，是以露天温泉为主导产品的温泉度假村。占地 200 余亩，集温泉沐浴、客房餐饮、商旅会议、棋牌娱乐、休闲度假、健康理疗等多种功能于一体的生态健康旅游胜地。公司主要依托自身的微信公众号平台以及移动端商城进行相关旅游产品的推广和销售，同时也利用第三方平台（如携程、飞猪、驴妈妈、抖音、穷游等平台）进行旅游产品的上线、推广及销售。公司希望能借助社交媒体实现营销裂变，请您根据公司的业务和产品类型，设计合适的推广活动海报、落地页及社群裂变海报。

1. 现状分析

唐韵温泉度假村有限公司现有推广页面的设计与发布大致可以分为 3 类：第一类是传统宣传单张，依托代理旅行社和公司前台进行发放，有时也在微信公众号平台进行展示；第二类是由第三方旅游平台为主导的活动宣传推广，其广告传单的转化入口也主要是引流到第三方旅游平台；第三类是以唐韵温泉度假村有限公司为主导的活动推广，其转化入口有的是引流到个人的微信号，有的是引流到公众号平台。

（1）传统宣传单张类。唐韵现有的推广页面大多属于这种类型，这一类型的推广页面设计如图 2-20 所示。

图 2-20　唐韵的传统宣传单张

其特点是推广页面同时承担营销引导和信息载体的作用。页面的图文内容较多，信息比较详细，主要着重于产品特色或优惠活动的内容介绍。突出显示的是产品线路名称以及优惠活动名称，主要的引流渠道是咨询专线电话。这一类型的推广页面除了印刷出来依托代理旅行社和公司前台进行线下发放，有时也通过公司的公众号平台在相关推文中展示，如图2-21所示。

图2-21　宣传单张在微信推文中的展示情况

（2）第三方平台主导的活动推广。这一类推广页面是唐韵和第三方旅游平台一起推出的活动推广宣传页面，如图2-22所示。该推广页面是由同程旅游及旗下子品牌百旅会、百旅乐居共同推出的。其特点是推广页面的头部位置放置的是第三方旅游平台的Logo，有时也会把唐韵的Logo并排放置推广页面。这一类型推广页面展示的信息点比较多，图文内容详细，同时承担营销引导和信息载体的作用，主要推广的是唐韵的旅游度假产品，重点展示了该旅游度假产品的行程特色和卖点，并突出显示了价格信息。其转化入口采用二维码的形式，第一张推广页面扫码进入的是同程旅游的移动端商城，第二张推广页面虽然并排放置了唐韵乐养的公众号二维码和产品详情页二维码，但扫码进入后发现唐韵乐养公众号缺乏维护，2020年2月之后就停止了更新。产品详情页二维码的链接也已经失效。

图 2-22　第三方平台主导的活动推广

（3）唐韵主导的活动推广。这一类推广页面在设计风格和内容呈现上和前面两种大同小异，页面传达的信息点较多，有放置二维码或小程序码等营销转化入口，如图 2-23 所示。通过扫描二维码可以进入公众号推文或相关人员的个人微信号。

图 2-23　唐韵主导的活动推广

2. 存在问题

唐韵的推广页面形式比较单一，大多数是以宣传海报的形式进行推广，只有小部分会联合微信公众号推文进行推广传播。唐韵官方公众号平台绑定的企业小程序商城界面如图 2-24 所示。内容相对单一，功能还不够完善，更新也不够及时，商城首页没有"轮播 Banner"展示栏目。"推荐商品"栏目也仅有两项和温泉门票相关的信息，点击进入商品详情页，"商品详情"栏显示"正在更新……"。

图 2-24　唐韵的企业小程序商城

从以上分析可以看出，唐韵现有的推广页面设计虽然从视觉美观和信息传达角度来看没有太大问题，但是距离社交裂变的要求还是有一定差距。唐韵现有的推广页面大多起到了信息载体的作用，并没有着重考虑营销引流的效果，唐韵的线上销售渠道还是主要依托于第三方旅游综合平台，自有小程序商城发挥的作用还不大。唐韵不太注重客户管理和客户留存，并且依托种子客户实现社交裂变的做法还不完善。

3. 破局之法

（1）结合产品特点灵活运用社交裂变推广策略设计合适的推广活动。

（2）设计合适的活动海报和推广落地页，以实现裂变引流和提高销量的营销目的。

（3）优化推广页面的设计，要有裂变海报的特色和要素，信息点不宜过多。

（4）要有数据意识，通过分析营销数据不断测试和优化推广页面的设计。

■ 子任务一　设计与发布活动海报

一、任务准备

（一）知识准备

知识点一：社交裂变

社交裂变就是以利益驱动，借助用户的社交关系实现产品的传播和销售的转化。社交电商是多对多的去中心化，碎片化地连接供给和需求。用户不仅是流量，也是分享者和建设者。社交裂变的关键点在于调动用户主动分享的积极性。这就需要切中用户的内心需求。用户的内心需求概括起来主要有两点：①用户的自我表达；②利益驱动。

微信群的社交裂变模型

知识点二：常见社交裂变工具

常见社交裂变工具有凡科互动、发一发、易企微等第三方工具和小程序。凡科互动是专为企业提供活动营销的新型工具产品，企业可快速创建具有自身特点的营销活动，软性植入品牌，在有趣的娱乐互动中，实现品牌推广，提高销售转化。发一发是一个综合性微信小程序，有社区团购、拼团、砍价、直播、抽奖、社群接龙、调查问卷、投票、小页面等工具。易企微是一个集裂变营销和企业秀功能于一体的第三方营销工具，提供微砍价、微拼团、微投票、微抽奖和邀请达人等裂变玩法。

三种社交裂变工具界面展示

知识点三：常见社交裂变玩法

常见社交裂变玩法可分为游戏营销模式、在线抽奖模式、商业促销模式、投票活动模式。游戏营销模式主要是利用H5游戏的转发传播，达到品牌推广以及获客拉新的目的。常见的抽奖活动有刮刮乐、摇一摇、开心转盘、砸金蛋、盲盒、九宫格抽奖、幸运红包等多种形式。商业促销模式包含拼团、砍价、秒杀等。投票活动融合竞争策略，可充分调动参与方的积极性去进行社交传播，达到拉新和引流的目的。

凡科互动四种裂变玩法举例

（二）操作准备

（1）准备好已经连通互联网的PC端计算机和移动端智能手机。

（2）在PC端计算机上提前安装好常用的浏览器、Office工具软件、Photoshop软件等。

（3）提前注册凡科互动及图司机网站会员。

（4）提前关注公众号浙江唐韵温泉度假村股份有限公司，了解该公司的背景信息和业务资料。

（5）在千图网、花瓣网等网站搜索了解各种主题和风格的活动海报。

（6）写下活动海报设计的初步构想。

（三）任务要领

1. 活动海报的常见形式和尺寸

手机横版海报的尺寸一般有 900 像素 ×500 像素、750 像素 ×350 像素、640 像素 ×400 像素等几个尺寸，一般来说，海报能智能调整大小适配浏览器尺寸。微商城在装修时，大多有"自由容器"模块，可以根据需要自由拖动调整模块的大小尺寸，以实现灵活多样的装修风格。对于商家来说，通常会把活动海报放在自己微商城的首页轮播 Banner 处展示。有时商家为强化核心视觉记忆点，会在所有的活动海报上加上自己公司的 Logo 图案；为实现全网营销的风格统一，公众号首图、小程序封面图、Banner 广告及裂变海报可能都会采用同样的视觉元素和配色。

活动海报的配色与构图

2. 活动海报设计核心要点

活动海报设计的核心要点是要通过视觉传达引起消费者的视觉停留并激发消费者对传达内容的兴趣，进而引发进一步的行动，从而达到营销目的。活动海报在设计上要注意以下几点。

（1）促销活动的主题要突显。

（2）信息点不宜过多，点到为止。

（3）画面视觉元素要丰富。

（4）考虑海报使用场景。

应用中联电商实训平台制作活动海报

3. 发布活动海报

活动海报设计完成后，可以投放到微商城首页轮播 Banner 处进行推广，也可以通过微信群、公众号等方式进行活动推广。

（四）任务流程

子任务一设计与发布活动海报操作流程如图 2-25 所示。

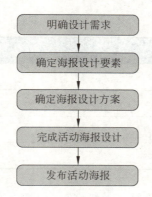

图 2-25　子任务一设计与发布活动海报操作流程

二、任务操作

操作要求：为即将到来的母亲节策划一次网络推广活动，并设计合适的推广海报投放到公司微商城的首页轮播 Banner 处展示。

步骤一：明确设计需求

关注公众号浙江唐韵温泉度假村股份有限公司，通过阅读该公众号发布的历史推文，了解该公司的背景资料以及服务或产品内容。并根据以上背景信息，完成表 2-21 明确设计需求的填写。

表 2-21　明确设计需求

推广活动名称		
推广策略选择	□在线游戏　　□在线抽奖　　□团购活动 □秒杀活动　　□砍价活动　　□投票活动	
推广活动内容	推广的产品名称	
	推广目的	
	目标顾客介绍	
	推广形式简介	
	推广活动时间	
活动海报投放位置		
活动海报尺寸		
相似主题海报参考		

步骤二：确定海报设计要素

明确了设计需求，制定了合适的推广策略和推广活动内容之后，还需要进一步确定海报设计要素。完成表 2-22 海报设计要素的填写。

表 2-22　海报设计要素

海 报 要 素	具 体 内 容
主标题文案	
主标题包含的营销关键词	
其他文案	
配图	

步骤三：确定海报设计方案

明确了海报设计要素后，还需确定海报设计风格、主体配色、版式构图等。完成表 2-23 海报设计方案的填写。

表 2-23　海报设计方案

方案名称			
风格定位			
确定配色	主体模特或产品颜色		
	海报背景色		
	文案颜色		
	具体配色及所占比例	底色	
		主色	
		强调色	
版式构图			

步骤四：完成活动海报设计

根据设计需求以及设计方案，完成活动海报设计图。

步骤五：发布活动海报

把活动海报上传到微商城的首页轮播 Banner 处，并为该海报设置好链接，链接到活动落地页。

三、任务评价

子任务一设计与发布活动海报评价如表 2-24 所示。

表 2-24　子任务一设计与发布活动海报评价

编号	任务名称	分值	正确率/%	得分
1	明确设计需求	10		
2	确定海报设计要素	15		
3	确定海报设计方案	15		
4	完成活动海报设计	30		
5	发布活动海报	30		
	合计	100		

■ 子任务二　设计与发布推广落地页

一、任务准备

（一）知识准备

知识点一：落地页

落地页也称着陆页，指潜在用户通过站内 Banner、站外信息流、搜索引擎等渠道点击进来的第一个页面。通常用来引导用户进一步完成商家希望用户完成的下一步动作。是用户接触企业和产品的第一步，起着承接流量、转化用户的重要作用，也是营销过程的终端环节。落地页设计好坏的考核标准是数据，是触达用户后真实的转化率和成单量。

知识点二：落地页的核心要素

落地页包括四大核心要素：有价值、可信任、门槛低和具备稀缺性。有价值即主题要突出用户关心的产品价值和实用内容。可信任即能让用户信任，一般可通过第三方权威机构、用户数据和真实用户反馈来增强用户的信任感。门槛低即用户直接按商家提示操作，用户不用思考，或尽量不要让用户思考。具备稀缺性即营造产品稀缺感，利用用户从众心理，让其产生产品质量好但数量有限的感知，促进客户购买欲。

某教育机构的推广落地页

（二）操作准备

（1）准备好已经连通互联网的 PC 端计算机和移动端智能手机。

（2）在 PC 端计算机上提前安装好常用的浏览器、Office 工具软件、Photoshop 软件等。

（3）提前注册好凡科互动及图司机网站的会员。

（4）提前熟悉凡科互动的裂变玩法。

（5）提前关注公众号浙江唐韵温泉度假村股份有限公司，了解该公司的背景信息和业务资料。

（6）通过互联网搜索各大品牌的推广落地页，分析它们的设计要素以及各要素如何体现营销特点。

（三）任务要领

1. 设计落地页的注意事项

落地页不同于活动专题页和公司官网首页，它的内容非常聚焦。落地页的首要功能就是要呼应客户的心理诉求，因此，有针对性的落地页相比信息繁复，链接过多的专题页或官网首页更容易取得访客的信任。一般来说，一个好的落地页应该注意以下几点。

（1）内容要展现消费者益处。

（2）表单设计要尽量简化。
（3）为活动优惠提供归属。

2. 借助第三方平台设计与制作落地页

推广活动落地页的设计与制作，需要借助第三方工具平台实现，使用凡科互动平台制作"秒杀活动落地页"，讲解设计和制作推广活动落地页的方法和过程，扫描页边二维码查看具体方法步骤。

设计和制作推广落地页

（四）任务流程

子任务二设计与发布推广落地页操作流程如图 2-26 所示。

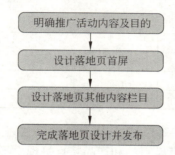

图 2-26　子任务二设计与发布推广落地页操作流程

二、任务操作

操作要求：为即将到来的母亲节策划一份网络推广活动，并设计合适的推广活动落地页。

步骤一：明确推广活动内容及目的

关注公众号浙江唐韵温泉度假村股份有限公司，通过阅读该公众号发布的历史推文，了解该公司的背景资料以及服务或产品内容。并根据以上背景信息，完成表 2-25 明确推广活动内容及目的的填写。

表 2-25　明确推广活动内容及目的

推广活动名称		
推广策略选择	□在线游戏　□在线抽奖　□团购活动 □秒杀活动　□砍价活动　□投票活动	
推广活动内容	推广的产品名称	
	推广目的	
	目标顾客介绍	
	推广形式简介	
	推广活动时间	
类似的推广落地页分析		

步骤二：设计落地页首屏

落地页首屏对推广效果的好坏起到关键性作用，在设计落地页首屏时，一定要体现这四个要素：有价值、可信任、门槛低和具备稀缺性。首屏营销海报一般包含以下设计元素：主标题、配图、其他文案信息、公司信息、营销按钮。完成表 2-26 设计落地页首屏的填写。

表 2-26　设计落地页首屏

落地页首屏效果图		
分析落地页首屏是通过哪些设计元素展示了有价值、可信任、门槛低和具备稀缺性四个要素	有价值	
	可信任	
	门槛低	
	具备稀缺性	

步骤三：设计落地页其他内容栏目

落地页其他内容栏目根据营销目的和产品特点呈现出不同的内容方案，一般来说，落地页的其他内容栏目包含活动说明、商品详情、商家信息、表单信息等。

根据推广活动内容及推广目的需要，完善推广落地页的其他内容栏目。完成表 2-27 设计落地页其他内容栏目的填写。

表 2-27　设计落地页其他内容栏目

活动说明	
商家信息	
商品详情	
表单信息	

步骤四：完成落地页设计并发布

落地页设计完成并发布后，可以在发布页面下载二维码，在裂变海报和宣传物料中使用，也可以将活动链接复制下来，设置在公众号图文消息内或原文链接中，通过图文消息推送获取活动第一批种子用户。

完成落地页的设计与发布，在课堂上展示落地页效果。

三、任务评价

子任务二设计与发布推广落地页评价如表 2-28 所示。

表 2-28　子任务二设计与发布推广落地页评价

编号	任务名称	分值	正确率/%	得分
1	明确推广活动内容及目的	10		
2	设计落地页首屏	20		
3	设计落地页其他内容栏目	30		
4	完成落地页设计并发布	40		
	合　　计	100		

■ 子任务三　设计与发布裂变海报

一、任务准备

（一）知识准备

知识点一：裂变海报

裂变海报是指把海报作为传播转发的载体，通过朋友圈、微信群、公众号等将海报传播出去。它是社群裂变营销中信息输出的重要载体，借助社交流量，通过内容吸附用户，同时激发用户关系链，简单快速地传递信息，获取更多流量，以实现营销目的。

知识点二：裂变海报设计要素

裂变海报包含主标题、副标题、内容大纲、营销引导、信任背书和转化入口六大设计要素。主标题是裂变海报的最大卖点，成功关键在于引起用户注意，唤起用户感受。副标题是主标题的说明或补充。内容大纲经过了信息的重新整合，用关键词加关键词说明的形式进行展现。营销引导的目的是促进用户快速决策。信任背书是指通过借助权威人士或品牌、实拍场景等来增强自己的可信度。转化入口通常是二维码和小程序码。

启增智慧

（二）操作准备

（1）准备好已经连通互联网的 PC 端计算机和移动端智能手机。

（2）在 PC 端计算机上提前安装好常用的浏览器、Office 工具软件、Photoshop 软件等。

（3）提前注册图司机网站会员。

（4）提前关注公众号浙江唐韵温泉度假村股份有限公司，了解该公司的背景信息和业务资料。

（5）在千图网、花瓣网等网站搜索了解各种主题和风格的裂变海报。

（6）整理收集的裂变海报，分析它们的设计特点。

（三）任务要领

1. 裂变海报的常见尺寸

大多数裂变海报是通过移动终端进行传播，所以一般设计成手机全屏大小的尺寸。不同型号的手机有不同的分辨率。目前，主流的移动端分辨率有 640 像素 ×1136 像素、750 像素 ×1134 像素、1242 像素 ×2208 像素、1125 像素 ×2436 像素及 750 像素 ×1624 像素几个尺寸。选择哪个尺寸总的差异不大，大部分都能在手机全屏展示。中联社交电商实训平台默认的裂变海报尺寸是 720 像素 ×1280 像素。

裂变海报的文案撰写

2. 裂变海报的风格选择

裂变海报的设计风格很多，除常规的基于现实的图文设计之外，常见的风格有立体风格、插画风格、中国风格、波普风格、孟菲斯风格、故障风格，此外还有简约风格、像素风格、剪纸风格、渐变流体风格等。在设计时，要根据产品属性和特点、目标顾客画像、投放媒介等灵活选择合适的海报风格。

制作并发布裂变海报

（四）任务流程

子任务三设计与发布裂变海报操作流程如图 2-27 所示。

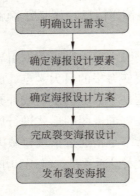

图 2-27　子任务三设计与发布裂变海报操作流程

二、任务操作

操作要求：为唐韵温泉主打产品"唐韵温泉 2 天 1 晚精品游套餐"的推广设计营销引导策略，并以其原始广告传单（见图 2-28）为设计参考，重新设计一个符合社交裂变属性的海报，以实现多渠道裂变引流的目的。

步骤一：明确设计需求

在了解公司信息和设计需求后，完成表 2-29 了解设计需求的填写。

步骤二：确定海报设计要素

通过分析推广产品的特点，制定合适的裂变引流策略，确定海报设计要素，包括主副标题、配图、内容大纲以及营销引导策略、转化入口等。

图 2-28　唐韵温泉精品游宣传单

表 2-29　了解设计需求

裂变海报尺寸	
产品属性或类别	
推广策略	
推广文案	
推广时间	
目标顾客	
其他要求	

在查阅完相关资料后，根据产品属性设计合适的裂变引流策略，并根据裂变引流策略确定海报设计要素，完成表 2-30 确定海报要素的填写。

表 2-30　确定海报要素

海报要素	具体内容	依据说明
主标题文案		
副标题文案		
配图		
内容大纲		
营销引导内容		
转化入口		

步骤三：确定海报设计方案

明确海报设计要素后，还需确定海报设计风格、主体配色、版式构图等，完成表 2-31 确定海报设计方案的填写。

表 2-31 确定海报设计方案

方案名称		
风格定位		
确定配色	主体模特或产品颜色	
	海报背景色	
	文案颜色	
	具体配色及所占比例	底色
		主色
		强调色
版式构图		

步骤四：完成裂变海报设计

根据设计需求以及设计方案，完成裂变海报的设计与制作。

步骤五：发布裂变海报

把完成的裂变海报发布到朋友圈或公众号。

三、任务评价

子任务三设计与发布裂变海报评价如表 2-32 所示。

表 2-32 子任务三设计与发布裂变海报评价

编号	任 务 名 称	分值	正确率/%	得分
1	明确设计需求	10		
2	确定海报设计要素	15		
3	确定海报设计方案	15		
4	完成裂变海报设计	30		
5	发布裂变海报	30		
	合　　计	100		

【任务拓展】"猿辅导"的裂变增长玩法和营销页面分析

工作领域三
社群营销内容制作与发布

学习目标

1. 知识目标

（1）掌握图文内容制作与发布。
（2）了解产品软文文案的编写。
（3）熟悉短视频拍摄软件。
（4）掌握短视频剪辑制作流程。
（5）熟悉直播场景搭建和话术应用。
（6）熟悉直播流程设计。
（7）掌握二维码、H5场景和导航页面的制作。

2. 技能目标

（1）能够根据产品卖点，收集相关的图文素材。
（2）能够根据产品卖点和设计思路，编写产品软文文案。
（3）能够根据产品文案和呈现要求，使用图文排版工具，选择符合软文文案的图片素材，制作信息长图并发布。
（4）能够根据短视频创意文案，进行拍摄准备，完成短视频拍摄。
（5）能够根据短视频创意文案，完成短视频素材剪辑与拼接。
（6）能够结合社交平台特点，完成短视频后期特效、字幕制作并发布。
（7）能够结合直播主题、产品类型、受众人群特点，搭建布置直播场景。
（8）能够根据直播脚本完成直播活动，在直播过程中使用话术进行开场介绍，引导关注、点赞、分享，并进行产品卖点介绍。
（9）能够在直播过程中，根据直播脚本，开展优惠活动、悬挂链接以及展示挂图。
（10）能够使用二维码生成工具，根据使用链接内容，制作相关内容的二维码并发布。

（11）能够使用 H5 场景制作平台，根据设计思路，选择符合主题的模板，进行 H5 场景制作并发布。

（12）能够针对线下实体店，根据设计思路，在导航软件内进行位置信息页面制作并发布。

3. 素养目标

（1）具备创新思维，能够制作与发布优质社群营销内容。

（2）具备独立思考问题的能力，能够独立完成个人分工。

（3）具备团队合作精神，能够协作分工，共同完成社群营销任务。

（4）具备法律意识，在社群内容制作上能够遵循相应法律、法规。

（5）具备正确价值观，制作并发布有正确导向的社群营销作品。

任务一　制作与发布图文内容

任务情境

唐韵温泉度假村建有自己的官网，在携程、飞猪、抖音、驴妈妈、穷游等社交平台进行品牌宣传和产品推广，从这些社交平台的图文内容中，可以看出一些问题。

1. 现状分析

（1）官网现有图文内容分析。唐韵温泉度假村官网首页轮播图如图 3-1 所示。

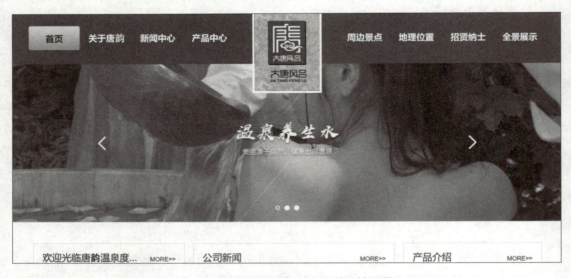

图 3-1　唐韵温泉度假村官网首页轮播图

唐韵温泉度假村官网的首页轮播图中的 3 个轮播按钮使用了同一张图片，没有添加超链接，并且图片搭配的文案只展示了温泉养生水，图文内容均没有明确地展示度假村的全貌，唐韵温泉度假村官网介绍如图 3-2 所示。

图 3-2　唐韵温泉度假村官网介绍

唐韵温泉度假村官网中的度假村介绍只是简单的一句话，没有搭配图片，也没有吸引人的文案。唐韵温泉度假村官网其他导航条头图如图 3-3 所示。

图 3-3　唐韵温泉度假村官网其他导航条头图

官网其他导航条的头图存在与导航内容不相符，并且图片分辨率低、清晰度不够等问题。唐韵温泉度假村官网最新资讯栏目如图 3-4 所示。

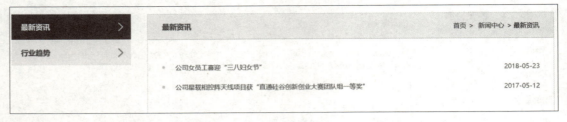

图 3-4 唐韵温泉度假村官网最新资讯栏目

官网最新资讯的内容停留在 2018 年，可见没有进行及时的更新和维护。

（2）微信公众号现有图文内容分析。唐韵温泉度假村微信公众号截图如图 3-5 所示。

图 3-5 唐韵温泉度假村微信公众号截图

唐韵温泉度假村公众号更新较为及时，但是文章数量不多，发布频率也不规则；另外，从第三张图片来看，3 篇文章重复使用了同一幅封面图，总体来看，图文的制作质量不高、种类单一，其中强促销文和新闻动态等图文内容占比达 80% 以上。微信公众号后台阅读量数据截图（2021 年 1—3 月）如图 3-6 所示。

2020 年阅读量最高的公众号推文是 5655，2021 年公众号推文阅读量最高的是 1830，与爆款文案的阅读量动辄几万甚至几十万、上百万的差距很大。

（3）小程序商城现有图文分析。唐韵温泉度假村小程序商城首页如图 3-7 所示。

工作领域三　社群营销内容制作与发布 ………… 95

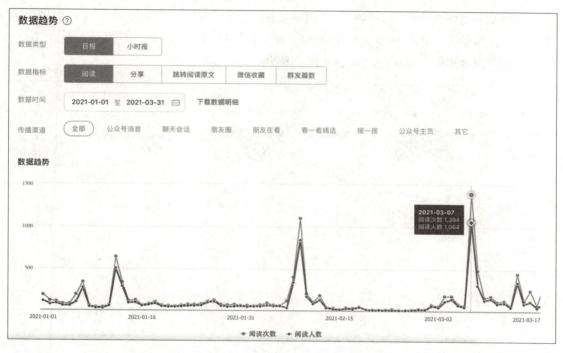

图 3-6　微信公众号后台阅读量数据截图（2021 年 1—3 月）

图 3-7　唐韵温泉度假村小程序商城首页

唐韵温泉度假村小程序商城首页使用的头图仍然是官网的轮播图，中间重要促销位的国庆专享促销信息陈旧，至少是半年前的，并且超链接打不开，看不到具体的促销信息。唐韵温泉度假村小程序商城专题栏目如图3-8所示。

图3-8　唐韵温泉度假村小程序商城专题栏目

唐韵温泉度假村小程序商城的专题唐韵大事记、温泉生活、武义唐韵3个栏目，都存在栏目与文章主题不相符、文章与图片不相符的问题，可以看出没有进行内容维护。

2. 存在问题

根据唐韵温泉度假村在多个平台上的图文内容制作现状来看，主要存在以下问题。

（1）图文内容更新不及时，信息传递效率低。多个平台都出现内容陈旧，甚至是两三年前的信息一直没有更新，不能及时向消费者传递唐韵温泉的最新动态和产品信息、促销信息等内容。

（2）图文制作水平低，文章质量不高。多个平台的图片都出现分辨率低、模糊不清或反复使用同一张图片的情况，图片制作水平不高。公众号的多篇促销文章封面图制作都仅罗列促销信息和价格。同时，文章内容写作水平不高，内容单一，缺乏可读性、趣味性和传播性。

（3）产品卖点不突出，内容不精准，主题表达不清晰。大部分图文内容简单重复，定位不直观，没有清晰地表达出产品的突出卖点，很难起到有效吸引作用，严重影响客户的体验感，不能引起消费者的共鸣。

从以上问题可以看出，唐韵温泉度假村在利用图文内容工具向用户传递信息方面，还有很大的提升空间，应制作有效、优质的图文内容并及时更新，进行有效的传播，触达消费者心智，提高宣传效率，促进销售。

3. 破局之法

图文内容的制作不是信息的堆砌和罗列，它需要企业分析好产品的卖点，讲好自己的故事，其核心就是让用户知道你是谁，做什么的，代表什么，你能给用户带来什么价值。

然后持续不断地做下去，才能赢得越来越多的跟随者、支持者和拥护者。

（1）收集与归类图文素材。根据产品卖点，有针对性地收集相关的图文素材，并进行归类整理。

（2）编写产品软文文案。根据产品卖点，优化设计思路，编写高质量的软文文案。

（3）制作与发布信息长图。根据产品文案和呈现要求，选择符合软文情境的图片素材，使用图文排版工具，进行排版设计，制作信息长图并发布。

■ 子任务一　收集与归类图文素材

一、任务准备

（一）知识准备

知识点一：图片素材的收集渠道与方法

图片素材收集的渠道，国内网站主要有花瓣网、千图网、图怪兽、图虫创意、凡科快图等。国外网站主要有 unsplash、pexels、pixabay、visualhunt 等。图片素材收集的常用方法是通过关键词搜索，选择关键词的精准度有利于提高搜索的效率及图文的匹配度。搜索时可以根据产品名称、文章主旨或标题来提炼关键词。关键词可以是行业术语、描述产品特征的词语及描述用户特征的词语等。

图片使用要避免侵权

知识点二：文案素材的来源与收集渠道

文案素材可以来源于经历、用户反馈、流量平台、专家或权威人物、引起广泛讨论的节目或影视剧、书籍等。常见的来源主要有论坛、问答平台、贴吧、社交媒体平台、用户反馈。文案的收集渠道主要网站有易撰、段子网、顶尖文案、新榜。

文案素材的来源与收集渠道

知识点三：图文素材的归类

图文素材分类的方法多种，可根据自己的习惯进行分类。常用的方法：①按时间分类，以年份或月份来分别创建文件夹，适用于专注某个固定品牌，在关注它的同时按时间归类。②按格式分类，按格式可细分为合层文件，主要放入各种 jpg、png 等格式的不可分层编辑的图片；分层文件，主要放入各种 psd、tif 等可再编辑的图片；矢量文件，主要放入各种 ai、cdr、eps 等格式的矢量图片。③按内容分类。按内容分类也是比较容易查找素材的归类方式，例如动物类、人物类、植物类等，根据图片的内容为素材创建不同的文件夹。

（二）操作准备

1. 了解产品体系

在进行图文素材收集之前，首先要求图文创作者对自身的产品体系有深入的了解和认知，掌握产品类型、产品构成、产品组合等基本情况，将这些分析结果记录下来，从而指导素材的收集和制作。

【随堂作业】 对唐韵温泉度假村产品体系进行整体了解和认知，明确产品类型，以及每一类产品的构成，了解单品以及产品组合的内容，梳理、总结、提炼制作产品体系说明表。

2. 分析图文类型

明确图文制作目的是收集素材的前提。通常来说，图文制作目的主要有促进销售、活动推广、品牌宣传、用户服务、内容传播等。基于不同的目的，图文内容主要分为品牌宣传类、产品销售类及活动推广类。

【随堂作业】 通过网络查找品牌宣传类图文、产品销售类图文、活动推广类图文，分别分析这三类图文中所包含的信息及图片素材内容，并进行对比分析，寻找共同点与不同点，制作说明表。

（三）任务要领

1. 收集图文素材的原则

图文素材的收集一般应遵循以下两个原则。

（1）符合目标受众需求。图文素材收集的目的是给目标受众提供有价值的内容，所以在收集时首先要明确所面对的服务对象与图文内容的用途，所收集的素材要符合媒体目标受众的需要，这样才能吸引受众关注。

（2）内容全面、有效。图文内容创作者应该围绕产品相关栏目或版块的主题，多渠道地收集各种类型的资源，为受众制作出全面、有效的文案或图片。

2. 收集图文信息的标准

图文素材收集的标准包括3个方面：素材的价值标准、社会评价标准及平台的规范标准。

（四）任务流程

子任务一收集与归类图文素材操作流程如图3-9所示。

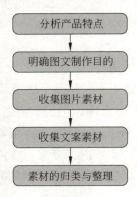

图3-9　子任务一收集与归类图文素材操作流程

二、任务操作

操作要求：根据操作提示逐步完成图文素材的收集并归类。

步骤一：分析产品特点

选择唐韵温泉度假村某一类产品（如露天温泉套票、客房套票等），可以从产品自身情况、优劣势分析、目标受众、竞争对手等方面进行产品特点分析。产品特点分析统计如表 3-1 所示。

表 3-1　产品特点分析统计

☐产品自身情况
　1. 产品类型＿＿＿＿＿＿＿＿＿＿＿＿＿＿＿＿＿＿＿＿＿＿＿＿＿＿＿＿＿＿＿＿＿＿
＿＿
　2. 产品组合＿＿＿＿＿＿＿＿＿＿＿＿＿＿＿＿＿＿＿＿＿＿＿＿＿＿＿＿＿＿＿＿＿＿
＿＿
　3. 产品价格＿＿＿＿＿＿＿＿＿＿＿＿＿＿＿＿＿＿＿＿＿＿＿＿＿＿＿＿＿＿＿＿＿＿
＿＿
　4. 促销策略＿＿＿＿＿＿＿＿＿＿＿＿＿＿＿＿＿＿＿＿＿＿＿＿＿＿＿＿＿＿＿＿＿＿
＿＿

☐优劣势分析
　1. 优势＿＿＿＿＿＿＿＿＿＿＿＿＿＿＿＿＿＿＿＿＿＿＿＿＿＿＿＿＿＿＿＿＿＿＿＿
＿＿
　2. 劣势＿＿＿＿＿＿＿＿＿＿＿＿＿＿＿＿＿＿＿＿＿＿＿＿＿＿＿＿＿＿＿＿＿＿＿＿
＿＿

☐目标受众分析
＿＿

☐竞争对手分析
＿＿

步骤二：明确图文制作目的

图文内容的制作目的包括品牌宣传、产品销售、活动推广 3 类，针对唐韵温泉度假村在制作图文时的不同目的，描述应收集的素材类型和素材内容。图文素材分析如表 3-2 所示。

表 3-2　图文素材分析

序号	主题	制作目的	素材类型	素材内容
1	大唐街市开业啦			
2	五一小长假促销			
3	双旦美食汇			
4	唐韵疗休养			
5	双十一大放价			
6	女神节，不得无礼			

步骤三：收集图片素材

打开花瓣网或其他图文素材网，至少搜索 4 个平台，针对唐韵温泉度假村搜索几组相关联的关键词，找到相应图片素材并保存；根据图文制作的目的，还可以形成拍摄创意，重新拍摄并保存为素材，记录素材内容，如表3-3所示。

表3-3 图片素材

制作目的	搜索平台	关键词	主要内容
	1.	1. 2. 3.	
	2.	1. 2. 3.	
	3.	1. 2. 3.	
	4.	1. 2. 3.	

步骤四：收集文案素材

针对"温泉养生"这个主题从不同的素材来源收集文案素材，从对应的文案素材平台上收集文案素材，将收集到的文案保存下来。文案素材如表3-4所示。

表3-4 文案素材

素材来源	核心观点	内容形式	语言风格	选择原因

步骤五：素材的归类与整理

根据上面提到的"图文素材的归类"采用的方法归类整理从网站上收集来的图片与文案，如表3-5所示。

表3-5 图文素材归类整理

□文件夹1 _____ □文件夹2 _____

□文件夹3 _____ □文件夹4 _____

三、任务评价

子任务一收集与归类图文素材评价如表3-6所示。

表 3-6　子任务一收集与归类图文素材评价

编号	任务名称	分值	正确率/%	得分
1	分析产品特点	10		
2	明确图文制作目的	15		
3	收集图片素材	15		
4	收集文案素材	25		
5	素材的归类与整理	35		
	合　　计	100		

■ 子任务二　编写产品软文文案

一、任务准备

（一）知识准备

知识点一：产品软文及其特点

产品软文是为产品营销而专门定制的文案。通常采用更加通俗、更加简单的方式，向用户介绍产品，从各个角度去阐述产品，不留痕迹地将产品特性和企业形象传达给用户。产品软文有 4 个特点：①其本质是产品广告。②形式主要以文案为主，可以辅以图片、视频等多种载体，表现形式丰富多样。③内容没有硬性宣传，主要以读者的体验为重，为潜在消费者提供有价值的内容，同时从侧面渗透进行产品营销。④效果具有口碑传播性，发布后可以通过其他人的转载来扩散传播。

知识点二：产品软文的写作模式

产品软文的写作模式有 7 种：①产品成长型，产品过程的每一步都可以成为创作的素材。如产品上线、产品功能更新、产品改版、产品跨界合作、产品的融资甚至产品遭遇的挑战与应对等。②产品荣誉型，产品发展路上的里程碑值得通过软文来传播，提升用户对产品的信任与信心，包括产品获得荣誉。③产品体验型，从产品体验的角度，也可以写出多篇软文。④产品亮点型，抓住产品与其他竞品之间具有强有力竞争优势的点，从不同角度强化它。⑤产品评论型，撰写一些相对中立的产品深度评论文章，从更加客观的角度分析产品成败、市场趋势等，让用户深入读懂产品，扩散产品影响力。⑥产品行家型，行家了解产品的每个细节，每一道工序，每一个节点，可任意从产品的工序和细节角度出发写一篇适合传播的文章。⑦产品类比型，利用借势营销，从同功能、同行业、同类价格等各个方面进行对比，突出产品特性，展现自身产品优势。

知识点三：产品软文写作的切入点

产品软文写作有 4 个切入点：①结合热点主题，结合热点的软文能够受到更多的关注，带来更好的阅读流量。热点话题有可预测型，也有突发型。获得热门话题的点，找到与自己产品契合的地方密切跟进与文章写作即可。②结合节日主题，节日的软文不仅是推广节日的专题活动，还可挖掘节日的特征，进行相关的结合。③结合活动宣传，活动宣传型软文通常结合活动发布进度。在活动开始前写预热软文，活动启动后，发宣传软文。活动总结软文可以使用活动过程中拍摄的照片等。④结合故事段子，使产品结合人物故事，让用户能从故事情节中认识产品、品牌，目的是在情感上引起用户共鸣，戳中用户"痛点"。

（二）操作准备

1. 目标用户分析

产品软文的最终目的是营销，因此分析目标受众是十分有必要的。了解用户的特点，才能准确策划软文话题，选择正确的媒体策略。

【随堂作业】 针对唐韵温泉度假村推出的理疗项目，采用人设属性分析、行动路径分析、内容偏好分析、购物行为分析，对该类产品的目标用户进行分析、总结，并分别编写标签。

2. 产品卖点提炼

对于产品软文来说，表达卖点可以从很多角度来进行，例如材质、外观、工艺、销售模式、消费体验、售后服务等，而核心卖点还要体现产品的核心竞争力。

提炼产品的核心卖点可以遵循FAB法则，F指属性或功效（feature或fact），即自己的产品有哪些特点和属性；A是优点或优势（advantage），即自己与竞争对手有何不同；B是客户利益与价值（benefit），这一优点所带给顾客的利益。

提炼核心卖点的FAB法则如图3-10所示。

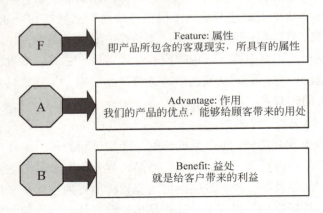

图3-10　提炼核心卖点的FAB法则

【随堂作业】 通过网络平台了解并分析唐韵温泉度假村理疗项目中的灸疗项目，运用FAB法则进行深度分析，挖掘、提炼产品卖点，并分别总结出该类产品F、A、B的4~5条产品卖点。

匠心网商人

（三）任务要领

1. 产品软文写作的注意事项

（1）突出明确的主题。

（2）使用适宜的语言风格。

（3）塑造场景式阅读体验。

（4）打造具有辨识度的特征。

（5）采用新颖的视角。

2. 设计有吸引力的软文标题

产品软文要注重软文标题的设计，标题是软文的引点，就是软文的泉眼，是流量导入的关键，有吸引力和爆点的标题至关重要，引导读者一步一步读下去，乐于接受你传达的信息。软文标题的类型可以分为新闻式标题、悬念式标题、分享式标题、号召式标题、绑定式标题等多种。

3. 软文正文的撰写手法

产品软文在设计好选题和收集了足够的内容素材后，就应开始进行正文撰写，撰写的结构主要包括抑扬式、并列式、镜头剪接式及悬念式等。

（1）抑扬式，增加变化形成对比。

（2）并列式，利于理解和阅读。

（3）镜头剪接式，片段组合随意搭配。

（4）悬念式，巧设疑团引关注。

4. 产品软文写作的禁忌

（1）忌知己不知彼。

（2）忌忽视标题。

（3）忌无战略规划。

（4）忌篇幅过长、过多。

（四）任务流程

子任务二编写产品软文文案操作流程如图3-11所示。

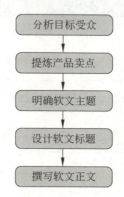

图3-11 子任务二编写产品软文文案操作流程

二、任务操作

操作要求：根据操作提示逐步完成产品软文的撰写。

步骤一：分析目标受众

调研唐韵温泉度假村的数据资料，例如小程序商城、抖音及官方网站等后台的客户数据，并参考温泉度假村行业的分析报告等资料，或通过针对用户发放调研问卷的方式，尝试分析其目标受众,并对目标受众进行用户画像,如表 3-7 所示。

表 3-7 目标受众用户画像

人设属性	
年龄	
性别	
职业	
收入(年)	
家庭状况	
教育程度	
地域	
行动属性	
行为模式	
生活场景	
消费场景	
消费路径	
内容偏好	
兴趣爱好	
触媒习惯	
社交分享偏好	
社交分享频率	
购物行为	
产品认知情况	
使用情况	
购买频率	
好感度	

结论:＿＿＿＿＿＿＿＿＿＿＿＿＿＿＿＿＿＿＿＿＿＿＿＿＿＿＿

步骤二:提炼产品卖点

提炼产品卖点是进行产品软文创作的前提。深入了解唐韵温泉度假村,根据九宫格思考法,找出 8 个有价值的卖点。然后根据 FAB 法则,提炼唐韵温泉度假村的 3 个核心卖点,并阐明理由,如表 3-8 所示。

表 3-8 产品卖点九宫格

卖点 7	卖点 8	卖点 1

卖点 6	唐韵温泉度假村	卖点 2
卖点 5	卖点 4	卖点 3

核心卖点 1：_____
理由：_____
核心卖点 2：_____
理由：_____
核心卖点 3：_____
理由：_____

步骤三：明确软文主题

产品软文的主题必须要高度明确、集中。产品软文主题的确定，也就是你要有一条清晰有条理的逻辑主线，这个主题要有足够的吸引力。分别从产品、品牌、企业、促销活动、服务、消费者的反馈 6 个方面为温泉度假村策划一个软文主题，如表 3-9 所示。

表 3-9　软文主题策划

序号	主题角度	主题策划简介
1	产品角度	
2	品牌角度	
3	企业文化	
4	促销活动	
5	服务特色	
6	消费者反馈	

步骤四：设计软文标题

根据软文标题的不同类型，围绕其中一个主题，分别设计出软文标题，如表 3-10 所示。

表 3-10　设计软文主题

序号	类　　型	软文标题设计
1	新闻式标题	
2	悬念式标题	
3	分享式标题	
4	号召式标题	
5	绑定式标题	

步骤五：撰写软文正文

综合上述所有步骤，从抑扬式、并列式、悬疑式、镜头剪接式中选取一种完成软文正文的创作。

三、任务评价

子任务二编写产品软文文案评价如表 3-11 所示。

表 3-11　子任务二产品软文文案的编写评价

编号	任务名称	分值	正确率 /%	得分
1	分析目标受众	10		
2	提炼产品卖点	15		
3	明确软文主题	15		
4	设计软文标题	25		
5	撰写软文正文	35		
	合　计	100		

子任务三　制作与发布信息长图

一、任务准备

（一）知识准备

知识点一：信息长图及其组成

信息长图是指针对内容复杂、难以形象表述的信息，先进行充分理解、系统梳理，再使其视觉化，通过图形、文字简单清晰地向读者呈现出来。信息长图由"信息"和"长图"组成，帮助读者理解用纯文字难以表达清楚的复杂内容，采用图文并茂的结构，可读性非常强。

信息长图的制作平台

知识点二：信息长图的制作平台

制作一张好的信息长图，除对信息、知识的总结能力之外，一个得心应手、简便好用的工具也是关键。常用的信息长图制作平台有创客贴、千图网、Canva（可画）、PIKTOCHART、VIZUALIZE、EASEL。

（二）操作准备

1. 构思创意

在制作信息长图之前，需要明确长图的推广目的和目标用户，针对具体的推广目的和用户群体特征策划主题，做好制作前的准备工作。关于推广目的、目标受众和选题策划在"子任务二编写产品软文文案"中已进行了全面的学习，这里就不再一一赘述。

2. 准备制作素材

做好创意策划是打造优质信息长图的第一步，接下来就应收集、积累相当多的制作素材，关于素材的收集与归类在"子任务一收集与归类图文素材"中已进行了全面的学习，这里就不再一一赘述。

（三）任务要领

1. 信息长图的制作要点

（1）排版结构要合理。既然是图文作品，就是要带给用户图片和文字相结合的体验感，采用图文相间的结构，不容易产生枯燥感和疲劳感。不要把文字和图片割裂开来，先写一大段文字后才配图或干脆不配图都会影响阅读体验，也不要只放图片而没有文字描述。

（2）图文的长度要适中。当今的用户更习惯于碎片化阅读，文章篇幅过长，即使内容再精彩，用户也不一定有耐心看完。如果希望写出有深度的文章，太短也不行，内容不足会影响账号在用户心中的印象，不利于建立账号的品牌形象，也不利于吸引粉丝和增强粉丝黏性。

2. 获得用户关注的关键技巧

点赞量、评论量、转发量、分享量和收藏量等数据，反映了用户对信息长图的认同，是作品品质的体现。优秀的信息长图要获得用户认同，应做好以下两点。

（1）故事性强。

（2）真人出镜。

3. 信息长图排版技巧

信息长图在屏幕阅读时代应用得非常广泛，为了能够让受众保持兴趣不停地读下去，停留更长的时间，排版不仅要好看，而且还要提供一定的视觉引导，让内容从头到尾的体验都是一致的。为达成这个目标，需要有针对性地进行设计。

（1）利用重复的元素进行布局。

（2）利用 F 形排版进行空间布局。

（3）利用 S 形或 Z 形排版进行空间布局。

信息长图案例

（四）任务流程

子任务三制作与发布信息长图操作流程如图 3-12 所示。

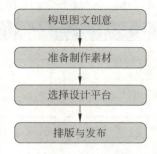

图 3-12　子任务三制作与发布信息长图操作流程

二、任务操作

操作要求：暑期将至，为吸引顾客来唐韵温泉度假村避暑畅游，请结合产品特点和呈现要求，使用图文排版工具，选择合适的图文素材，完成信息长图的制作与发布。

步骤一：构思图文创意

根据此次信息长图推广目的和目标用户分析，策划创意主题，填写创意策划表格。在策划创意主题时，可从市场痛点、身份认同、群体共鸣、结合热点等角度出发，提供用户价值。

信息长图创意如表 3-12 所示。

表 3-12　信息长图创意

主题序号	描述创意	选题原因	用户价值的角度
1			
2			
3			
4			

步骤二：准备制作素材

根据暑期的宣传特点，结合不同的主题，准备相关的图文素材，将收集的素材进行归类整理，并在表 3-13 中进行简要描述。

表 3-13　信息长图素材整理

主题序号	图片素材	文案素材
1		
2		
3		
4		

步骤三：选择设计平台

除创可贴外，列举几个常用的设计平台，并简单总结其特点。

信息长图设计平台如表 3-14 所示。

表 3-14　信息长图设计平台

平台序号	设计平台	平台特点
1		
2		
3		
4		

步骤四：排版与发布

在选择的设计平台中，完成 4 个信息长图的制作与发布，并将以下素材记录下来。

信息长图排版与发布如表 3-15 所示。

表 3-15　信息长图排版与发布

信息长图序号	排版模式	颜　色	字　体	图片素材数量	文　案
1					
2					
3					
4					

三、任务评价

子任务三制作与发布信息长图评价如表 3-16 所示。

表 3-16　子任务三制作与发布信息长图评价

编号	任 务 名 称	分值	正确率/%	得分
1	构思图文创意	20		
2	准备制作素材	25		
3	选择设计平台	25		
4	排版与发布	30		
	合　　计	100		

【任务拓展】新浪微博图文制作与发布

任务二　制作与发布短视频内容

任务情境

随着短视频浪潮的掀起，浙江唐韵温泉度假村为提高知名度，增加客流量，选择了现有 8 亿用户的抖音平台，注册了企业抖音号，发布了短视频。

唐韵温泉度假村抖音账号如图 3-13 所示。

1. 现状分析

（1）账号基本资料分析。账号主页背景图以及头像用了唐韵温泉度假村的美丽夜景，账号简介说明了唐韵温泉度假村的门店地址、主题、经典汤池类型、联系电话。商家一栏展现了唐韵温泉度假村的部分美景以及 3 个温泉套餐的购买链接。

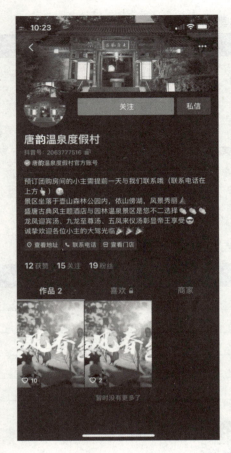 

图 3-13　唐韵温泉度假村抖音账号

（2）短视频内容现状分析。唐韵温泉度假村现已发布了 2 个短视频，但是 2 个短视频的发布内容相同，发布时间均为 4 月 1 日，短视频介绍了唐韵温泉度假村的唐韵春季部分美景。短视频话题自创了＃唐韵春色这个话题，使用了＃慢下来看世界、＃唐韵温泉、＃樱花等话题。

2. 存在问题

唐韵温泉度假村短视频内容如图 3-14 所示。

（1）作品数量少，发布时间不规则。虽然唐韵温泉度假村已经使用了抖音短视频平台进行推广，但是在实际运营中没有有效地进行使用。目前仅发布了 2 条短视频，而且发布时间是同一天。

（2）短视频内容单一，定位不清晰。发布的 2 个短视频内容单一重复，很难起到有效吸引的作用。而且定位不清晰，短视频主要展现了唐韵温泉度假村的部分春季美景，没有展现唐韵温泉度假村温泉的特色之处。

（3）短视频标题、配乐、封面不亮眼。发布的 2 个短视频内容单一重复，很难起到有效吸引的作用。

（4）短视频画质质量不高。短视频画质不够清晰，第一个镜头呈现的唐韵温泉牌匾体现出一种很旧的感觉。

图 3-14　唐韵温泉度假村短视频内容

3. 破局之法

（1）做好拍摄准备，完成短视频拍摄，把握好短视频的发布频率。根据短视频的内容以及团队实际情况选择合适的拍摄设备，根据短视频创意脚本完成拍摄，新短视频账号最好的发布频率为一天 1~2 条短视频，丰富账号内容，提升账号的活跃度。后期保持一周 2~5 条短视频，优先保证短视频的质量。

（2）明确受众定位，打造内容差异化，完成短视频素材剪辑与拼接。明确主要消费人群，做好账号以及短视频的定位，制作展现符合消费人群需求的短视频。打造内容差异化，将拍摄的大量素材，经过选择、取舍和组接，最终编成一个能传达创作者意图的作品，使短视频主题鲜明、脉络清晰。

（3）匹配对应的短视频字幕、音乐、标题、封面，做好后期特效并发布。首先根据短视频的内容，制作符合视频的字幕、音乐，烘托短视频的氛围。不同的视频配上不同的字幕、音乐，用户的感觉会大有不同。其次就是标题，制作跟视频和音乐相结合的标题，放大视频里情感的效果。最后就是短视频的封面，可以将唐韵温泉度假村所有账号的短视频设定相同格式、不同内容的封面图片，或者摘选每一个短视频中最吸引人的画面作为短视频封面。

■ 子任务一　制作与拍摄短视频脚本

一、任务准备

（一）知识准备

知识点一：主流短视频平台

各大短视频平台上百花齐放，主流短视频平台主要包括今日头条系（抖音、火山小视频、西瓜视频）、快手系（快手、A 站）、腾讯系（微视、微信视频号）、美图系（美拍）、哔哩哔哩系（哔哩哔哩、轻视频）。

主流短视频平台及特点

知识点二：短视频用户定位和内容定位

短视频用户定位是指制作的短频是拍给谁看的。这个"谁"包含两层意思：一是看此视频的观众；二是潜在的客户。如果是销售产品，那么在用户定位的过程中就需要熟知消费者的心理，了解消费者的购买动机。内容定位就是短视频要做什么内容，在短视频中呈现的领域是什么，产品是什么。内容定位将决定题材选择方向。内容定位和用户定位不是相互独立的，两者之间相辅相成，密不可分。

知识点三：短视频脚本、拍摄设备、景别与运镜

脚本是用一种特定的描述性语言，依据一定的格式编写的可执行文件。它是拍摄短视频的依据和规范，分为拍摄提纲、分镜头脚本、文学脚本 3 类。拍摄常用设备包括三脚架、声音设备、摄影棚、灯光照明设备等。景别是指镜头画面的类别，一般分为远景、全景、中景、近景、特写。运镜指短视频拍摄时通过移动机位，或改变镜头，拍摄出不同的画面效果，包括推镜头、拉镜头、摇镜头、移镜头、跟镜头、升降镜头、俯拍、仰拍、平拍、变焦拍摄、主观拍摄运镜手法。

脚本构成要素、景别

（二）操作准备

1. 分析同行业短视频账号

为了更迅速地跟上短视频浪潮，可以先了解同行业短视频账号，初期分析同行的基础信息包括昵称、头像、签名、抖音号认证类型等，再通过对部分高点赞量视频的研究，对产品类型、产品特色、视频发布时间规律、内容生产套路等问题明确后，根据用户需求确定短视频内容，内容需要有自己的特色。

【随堂作业】　在抖音搜索 3 个做得较好的同行业竞争账号进行分析，提炼总结 3 个账号的优缺点。

2. 总结用户画像

用户画像是通过对用户各类特征进行标识，通过标识给用户贴上各类标签，再通过标签把用户分为不同的群体，以便对不同群体进行产品运营。总结用户画像包含但不限于以下方面。

　　基础属性：地区、年龄、性别、星座、教育、身高、职业等。
　　社会关系：孩子、兄弟姐妹、父母、伴侣等。
　　消费能力：月收入、月消费、用花呗、有10张信用卡、金卡客户等。
　　行为特征：经常团购、经常加班、上班刷微博、讨厌不准时、在网吧上网等。
　　心理特征：贪小便宜、品牌偏好、好攀比、犹豫、纠结、健康诉求高等。

【随堂作业】 通过网上用户评价和线下用户消费记录，列出唐韵温泉度假村用户画像。

3. 准备拍摄设备，布置拍摄场景

根据视频内容，选择合适的拍摄设备，并熟练运用。初期阶段，可以先借助手机、三脚架等简单工具。

【随堂作业】 除手机、三脚架，再列举两种常用的拍摄设备，并解释说明其使用场景及作用。

（三）任务要领

1. 写好短视频脚本的方法

（1）抓住3秒黄金开端。
（2）对话用户。
（3）匹配氛围音效。
（4）埋入悬念。
（5）撰写易懂文案。

2. 正确使用照明设备打光的方法

在室内拍摄短视频需要使用灯光时，可以运用最基础，也是适用性最广的三点打灯法。三点打灯法来自3个光源：主光（key light）、补光（fill light）及背光（back light）。

（1）主光是场景的主要光源。主光并不代表特定类型或强度的照明，它是指照亮拍摄主体的主要光线。主光可能源自某款灯具，也可以是透过窗户照射进来的阳光。主光决定场景外观，一般主光是摆放的第一个照明设备。按照惯例，主光会被放置在模特或是拍摄主体的侧边45°角，并且高于头部45°。

（2）补光往往用于填充主光在脸部或主体上造成的阴影区域。一般补光会比主光更柔，且强度更低，这样做的目的是在不产生额外阴影的前提下，让位于阴影处的脸部更加凸显。

（3）背光，又称轮廓光，是一种投射在头肩部的光线类型，它可以让拍摄主体相较于背景更加突出。背光通常在较暗的场景中使用，避免主体融入暗色背景。

（四）任务流程

子任务一制作与拍摄短视频脚本操作流程如图3-15所示。

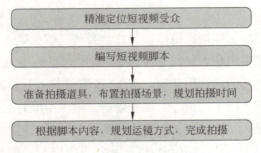

图 3-15　子任务一制作与拍摄短视频脚本操作流程

二、任务操作

操作要求：根据设计思路提示，从拍摄提纲、分镜头脚本、文学脚本中选择一个，完成唐韵温泉度假村短视频脚本编写。

步骤一：精准定位短视频受众

不同的用户有不同的需求，而短视频的内容正是根据用户的需求来制作的，所以一定要明确目标用户的需求，并将需求排序，以解决最大需求为短视频主体内容（即精准定位）。只有精准的定位，才能让账号精准打上合适的标签，才能提高用户的黏性。

用户需求：_____

_____

步骤二：编写短视频脚本

在正式编写短视频脚本之前，先构思如何拍摄、想体现什么内容。先观看学习同行视频，根据精准人群以及唐韵温泉度假村的特点，写镜号、每个镜号的景别，拍摄的内容及拍摄方式（平拍、镜头上摇、旋转、复合镜头、跟镜头等）、配乐等内容。

视频主要体现内容：_____

_____

短视频脚本如表 3-17 所示。

表 3-17　短视频脚本

镜　号	景　别	画面内容	台　词	音　乐

步骤三：准备拍摄道具，布置拍摄场景，规划拍摄时间

撰写好脚本之后，就要准备拍摄设备，根据脚本内容准备拍摄设备，如手机、三脚架、稳定器、收声设备、灯光等。如果是外景，还要确定好拍摄时间，是采取日光最盛时的景色，还是夜景。如果是内景，则需要提前布置好拍摄场景，设置好灯光。

短视频拍摄方案如表 3-18 所示。

表 3-18　短视频拍摄方案

外景拍摄顺序	拍摄场景	拍摄时间	拍摄道具

步骤四：根据脚本内容，规划运镜方式，完成拍摄

短视频拍摄步骤如表 3-19 所示。

表 3-19　短视频拍摄步骤

镜　号	运　镜　方　式

三、任务评价

子任务一制作与拍摄短视频脚本评价如表 3-20 所示。

表 3-20　子任务一制作与拍摄短视频脚本评价

编号	任务名称	分值	正确率/%	得分
1	精准定位短视频受众	20		
2	编写短视频脚本	25		
3	准备拍摄道具，布置拍摄场景，规划拍摄时间	25		
4	根据脚本内容，规划运镜方式，完成拍摄	30		
	合　计	100		

子任务二　剪辑与拼接短视频素材

一、任务准备

（一）知识准备

知识点一：短视频剪辑

视频剪辑是将拍摄的大量短视频素材，经过选择、取舍和组接，最终编成一个能传达创作者意图的作品，是短视频创作的主要组成部分。在整个剪辑过程中，既要镜头与镜头之间叙事的自然、流畅、连贯，又要突出镜头的内在表现，即达到叙事与表现双重功能的统一。运用剪辑手段对短视频的总节奏进行加工，使全片节奏定型，营造节奏以

短视频剪辑的工具介绍

简单易懂语言为基础，以各种表现形式为手段，对视频的内部节奏和外部节奏进行艺术处理。

知识点二：短视频剪辑工具

短视频剪辑不仅是加字幕、配音乐，重要的是镜头转换的流畅，使观众感到整部影片一气呵成，视频片段落、脉络清晰，所以，剪辑工具的选择非常重要。常用的短视频剪辑工具有剪映 App、UE Vlog、快影。

（二）操作准备

1. 按照脚本内容，整理拍摄素材

在开始剪辑视频之前，需要提前熟练掌握脚本内容的顺序以及视频想要表达的主体。在拍摄完成后，根据脚本内容，将拍摄的短视频素材整理、筛选、排序。如果有漏拍或表达错误的素材，则与拍摄人员协商重新进行拍摄或修改脚本。

【随堂作业】 筛选可用素材，将拍摄素材按照镜号整理、归纳好。

2. 熟悉剪辑工具

不同的剪辑工具有不同的优势，所以根据视频平台的特性以及视频的内容，选择合适的短视频剪辑工具。

因为唐韵温泉度假村运用的是抖音账号，则剪辑工具使用与抖音匹配度最高的剪映 App。剪映内特效总共内置了六大类，合计 91 种特效，供用户选择使用。可以通过自己对这些功能的了解先尝试剪辑一个视频，例如，如何调整视频颜色、使用高光后的前后对比效果、饱和度等。

【随堂作业】 熟悉剪映 App，了解剪辑、音频、文本、贴纸、画中画、特效、滤镜、比例、背景、调节等功能，总结唐韵温泉度假村视频剪辑中可能会用到的功能。

（三）任务要领

1. 短视频剪辑要素

在剪辑方面，要注意以下 5 个要素：观众情绪、故事、节奏、三维空间及视线追踪。

2. 短视频剪辑技巧

剪辑的作用是将单独看来没有任何意义的声音和画面，经过剪辑产生旋律，通过组合形成情节。目的是通过严谨的结构和鲜明的节奏准确鲜明地体现短视频的主题思想以及想要表达的情感。

剪辑最终想要表现的就是用画面讲故事，必须要有"推、拉、摇、移、跟、升、降"中的任意一个动作，且两个画面不能是同景相似机位。同时在剪辑的过程中要注意节奏，一个是所表现事物的内在逻辑关系形成的内在节奏，另一个是外加的如音乐、噪声，这是人为、利用外加因素控制节奏。

（四）任务流程

子任务二剪辑与拼接短视频素材操作流程如图 3-16 所示。

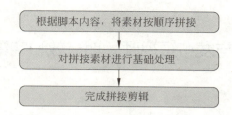

图 3-16　子任务二剪辑与拼接短视频素材操作流程

二、任务操作

操作要求：根据操作提示逐步完成视频剪辑与拼接。

步骤一：根据脚本内容，将素材按顺序拼接

打开剪映 App，点击"开始创作"进入视频剪辑界面，按照脚本内容顺序选择视频素材，点击"添加到项目"按钮。

步骤二：对拼接素材进行基础处理

根据脚本内容，将所要表达的画面整合好之后，根据视频要表达的情绪以及主题内容开始基础处理每一个短视频素材。

步骤三：完成拼接剪辑

剪辑好视频以后，点击"导出"按钮，视频就会导出并保存至相册中。综合上述所有步骤，用通畅的语言概述自己是如何剪辑短视频的。

素材拼接操作

素材基础处理

_____
_____
_____
_____
_____

三、任务评价

子任务二剪辑与拼接短视频素材评价如表 3-21 所示。

表 3-21　子任务二剪辑与拼接短视频素材评价

编号	任务名称	分　值	正确率/%	得　分
1	根据脚本内容，将素材按顺序拼接	30		
2	对拼接素材进行基础处理	30		
3	完成拼接剪辑	40		
	合　　计	100		

子任务三　制作与发布短视频后期特效和字幕

一、任务准备

（一）知识准备

知识点一：短视频后期特效

短视频后期特效就是将作品的各种元素有机结合起来，包括选择转场效果、录制台词、配置音乐音频、添加滤镜、添加贴纸、添加画中画、更换背景等多种类型。常用的转场特效一般包括 3D 模型动画、灯光渲染、流体、粒子、动力学等。音频特效包括配音、配乐、音频处理、音频合成等。滤镜的类型包括清新、美食、油画、电影、胶片、风景等。贴纸的类型和风格可根据剪辑工具的分类进行添加。

知识点二：短视频字幕文案

短视频字幕文案，需根据短视频主题确定。撰写文案有诱导型文案、共鸣型文案、反转式、提问式文案等多种类型。诱导型文案是激发公众猎奇心理，使其不由自主点击观看。共鸣型文案是通过文案引起用户共鸣，使人感同身受。反转式文案多以剧情类视频为主，经常需要在文案中设置悬念，埋下伏笔。提问式文案会让评论区出现爆满现象，创造天然的社交机会，提升影响力。

（二）操作准备

1. 掌握撰写短视频字幕文案的技巧

行业新手写短视频字幕文案，可以通过树立一个思维＋熟练使用两个工具＋一个自检原则。

2. 筛选短视频特效

根据用户特征、平台特点、短视频内容等，筛选出合适的特效。特效本身的形式特点能使三维空间释放出舒适的层次感，其创建的有序质感能使人的心理发生变化。在后期处理中，通过创立视觉元素、视频后期特效、特效处理画面使短视频整体效果具有强烈的表现力和视觉冲击力，使其变得更具生活的真实感受。

短视频文案字幕
撰写技巧

【随堂作业】　筛选出适合唐韵温泉度假村短视频的 5 个特效，并说明分别用在哪个场景，作用是什么。

（三）任务要领

场景转换是决定视频流畅性的主要因素，常用操作方式如下。

（1）切入切出。

（2）淡出淡入。

（3）划入划出。

剪映转场
效果的操作

（4）溶出溶入。
（5）叠印。
（6）焦点变虚。

（四）任务流程

子任务三制作与发布短视频后期特效和字幕操作流程如图 3-17 所示。

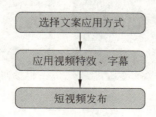

图 3-17　子任务三制作与发布短视频后期特效和字幕操作流程

二、任务操作

操作要求：完成视频的特效添加及字幕添加，把上个任务剪辑出来的视频添加特效、字幕及配音等。

步骤一：选择文案应用方式

根据短视频的内容，将准备的文案通过两种方式表达出来：一种是短视频字幕方式；另一种是有声朗读方式，设置为背景音效。若用有声朗读方式介绍唐韵温泉度假村，则需要提前录音，之后添加在背景音效里。

字幕方式的优势及使用场景：＿＿＿＿＿＿＿＿＿＿＿＿＿＿＿＿＿＿＿＿＿＿＿＿＿＿＿＿
＿＿

有声朗读方式的优势及使用场景：＿＿＿＿＿＿＿＿＿＿＿＿＿＿＿＿＿＿＿＿＿＿＿＿＿
＿＿

步骤二：应用视频特效、字幕

1. 调节音量

调节视频音量，注意这个音量调节只是作用于被选中的视频片段，如图 3-18 所示。

2. 添加动画转场

为视频素材添加一个类似转场的动画，如向右甩出、向下甩入等。还可以设置动画的时长。动画分为入场动画、出场动画及组合动画，如图 3-19 所示。

3. 添加贴纸

贴纸功能可以增加视频的点缀效果，可以添加"箭头"和"小心心"这样的贴纸动画，丰富画面效果，点击进入后，界面如图 3-20 所示。适当的贴纸会让视频画面的重点和风格更加突出。

4. 添加字幕

点击"文字"按钮，即可在当前时间上的画面添加字幕，如图 3-21 所示。

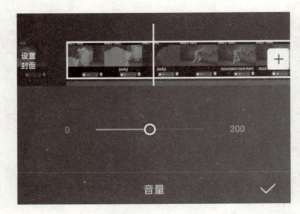
图 3-18 音量调节

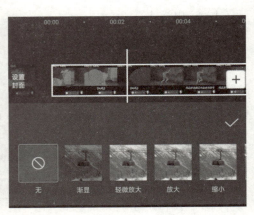
图 3-19 动画转场

图 3-20 贴纸动画

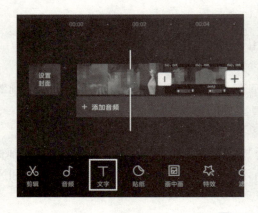

图 3-21 添加字幕

字幕添加后的效果如图 3-22 所示。另外，在字体内还有很多高级设置，选择字幕进入编辑界面即可看到,如图 3-23 所示。

图 3-22　添加字幕后的效果

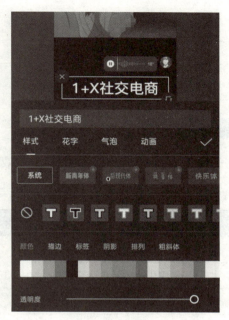
图 3-23　字幕样式

步骤三：短视频发布

以上操作完成后,点击"导出"按钮,视频即可导出发布。视频保存完毕后,即可分享到抖音或西瓜视频上,如图 3-24 所示。

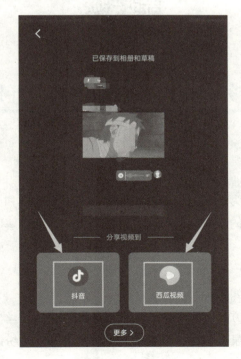
图 3-24　分享界面

综合上述步骤，用通畅的文字及清晰的图表总结所学内容。

_____

_____

_____

_____

三、任务评价

子任务三制作与发布短视频后期特效和字幕评价如表 3-22 所示。

表 3-22 子任务三制作与发布短视频后期特效和字幕评价

编号	任务名称	分值	正确率/%	得分
1	选择文案应用方式	30		
2	应用视频特效、字幕	30		
3	短视频发布	40		
	合计	100		

【任务拓展】多余和毛毛姐的走红

任务三　准备直播内容与开播

任务情境

近年来，电商直播成为社交电商的重要形态，在引流效率和成交效率上遥遥领先。为了更好地宣传和销售，唐韵温泉度假村通过直播为用户详细讲解度假村的功能及优势，吸引顾客消费。

1. 现状分析

唐韵温泉的抖音视频如图 3-25 所示。

唐韵温泉度假村的官方抖音账号虽然现在视频数量少、粉丝少，点赞少，但抖音平台上有很多博主推荐唐韵温泉度假村，点赞量过万，众多网友纷纷评论转发，通过网红传播有一定粉丝影响力。

图 3-25　唐韵温泉的抖音视频

2. 存在问题

（1）未直播过，缺少直播经验。唐韵温泉度假村虽拥有抖音平台账号，但尚未进行直播，对直播的流程设计、直播运营缺乏了解，包含直播间的布置，主播话术的应用，以及直播活动安排等。

（2）账号粉丝数量少，无法开通购物车功能。抖音账号粉丝数量少，视频数量少，虽然已上架 15 个产品，但是销售数量少，应结合开通直播，设计直播活动，吸引更多粉丝关注，带动产品销售。

3. 破局之法

（1）搭建与布置直播场景。结合直播主题、产品类型及受众人群特点，完成直播的设备准备，搭建与布置适合唐韵温泉度假村直播时的场景。

（2）制作直播脚本及设计直播话术。直播脚本可以控制直播节奏、减少突发状况，直播前应完成直播脚本的制作，规范直播流程。同时，直播话术是吸引粉丝观看、实现销量转化的重要工具，还应重点设计好直播中的话术，吸引、留存、提升直播人气。

（3）设计与实施直播活动。在直播过程中，根据直播脚本、话术设置产品优惠活动，悬挂链接购物车产品，完善展示挂图，促进粉丝转化下单。

■ 子任务一　搭建与布置直播场景

一、任务准备

（一）知识准备

知识点一：主流的直播平台

主流的直播平台包括抖音、快手、斗鱼直播、虎牙直播和花椒直播等。抖音是一款音乐创意短视频社交软件，旨在帮助大众用户表达自我，记录美好生活。快手是用照片和短视频记录和分享生活的平台。斗鱼 TV 是一家弹幕式直播分享网站，为用户提供视频直播和赛事直播服务。虎牙直播是互协直播平台，为用户提供高清、流畅而丰富的互动式视频直播服务，是中国领先的游戏直播平台之一。花椒直播是国内移动社交直播平台，也是全球首个拥有 VR 直播板块的平台。

知识点二：直播间陈列方式

直播间陈列方式主要有品牌直播间、实体店/档口直播间、产业带/工厂溯源直播间几种。品牌直播间应品牌先行，应用比较广泛，可以品牌自播、联手主播达人或明星机构来卖货，利用粉丝经济快速提升销量和品牌口碑。实体店/档口直播间为商品先行，服装、珠宝玉石、小商品、日用百货、美妆等拥有实体店的直播间，由商家自播或邀请主播入驻直播。产业带/工厂溯源直播间为场景先行，用原生场景促进观众信任度。

知识点三：直播间灯光布置

直播间的灯光布置非常重要，灯光不仅可以营造气氛，塑造视频画面风格，还可以起到为主播美颜的作用。按照光线的造型作用来划分，直播间内用到的灯光分为主光、辅助光、轮廓光、顶光和背景光。不同的灯光采用不同的摆放方式，其创作出来的光线效果也不同。

直播间灯光布置

（二）操作准备

直播间搭建与布置，需要全盘考虑直播间运行的各个方面和全部过程，包括直播间在直播过程中的全部需求。

1. 明确直播间的用途

明确直播间的用途，是直播间装修布置的出发点，也是场景搭建的重点。不同的商品品类，考虑到更好地展现商品卖点以及主播展示的需要，需要设计不同的直播间设备方案和装修布置方案。例如，美食品类和美妆品类，以坐播居多，需要为主播配备桌椅。

【随堂作业】 以唐韵温泉度假村为例，探讨总结唐韵温泉度假村直播的主题，以及主要展现的内容。

2. 明确直播间的预算

确定预算，才能确定直播间的设备购买标准和布置标准。可以先从公司层面给出大概的预算范围，再根据预算编制方案。也可以先根据直播间的用途和其他衡量因素制订出方案，再申报预算。

【随堂作业】 以唐韵温泉度假村直播为背景，列出需求的道具，制定预算表。

（三）任务要领

直播间布置要点如下。

（1）直播间要干净、整洁。

（2）根据直播内容定位直播间的整体风格。

（四）任务流程

子任务一搭建与布置直播场景操作流程如图 3-26 所示。

直播间背景颜色选择技巧

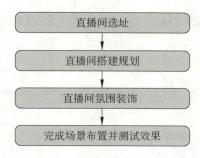

图 3-26　子任务一搭建与布置直播场景操作流程

二、任务操作

操作要求：完成唐韵温泉直播间场景搭建与氛围布置。

步骤一：直播间选址

（1）选定一个固定的空间作为唐韵温泉度假村内景直播间。

（2）在唐韵温泉度假村各种功能的外景区域选择一个合适的场景进行实景直播。

内景直播间优势：_____

_____

外景直播间优势：_____

_____

步骤二：直播间搭建规划

在搭建直播间之前，需要对场景进行规划，如要以哪边为背景，桌子和摄像头要放在多远的地方，具体如表 3-23 所示。

表 3-23　直播间搭建

	直播道具	摆放位置描述
内景直播间		
外景直播间		

步骤三：直播间氛围装饰

1. 内景直播间

根据空间特点，以及直播主题、产品类型、受众人群特点设计整个直播间的氛围装饰，包含背景装饰、样品摆放、饰品装饰、灯光布置、桌椅摆放等。安装电线、插座、网线等供电供网设备。同时也要注意氛围装饰的颜色，不同的颜色搭配不同的主题内容，如红色适合促销活动或春节等节日。

2. 外景直播间

根据外部场景及直播想要表达的主题进行外景直播间布置，包含饰品摆放、桌椅摆放。

外景直播间需要先将周围的外景打扫干净,确保镜头照过去的时候场景整洁。要注意外景直播间的直播时间需要根据当天的天气及日光进行调整。

内景直播间装饰布置:_____

_____

外景直播间装饰布置:_____

_____

步骤四:完成场景布置并测试效果

在完成场景基本布置和陈列之后,需要利用手机进行直播效果测试,以此判断直播间的陈列是否合适、灯光是否合适、收音是否正常等。

(1)陈列_____(是、否)合适。

(2)灯光_____(是、否)合适。

(3)收音_____(是、否)正常。

三、任务评价

子任务一搭建与布置直播场景评价如表3-24所示。

表3-24 子任务一搭建与布置直播场景评价

编号	任务名称	分值	正确率/%	得分
1	直播间选址	20		
2	直播间搭建规划	25		
3	直播间氛围装饰	25		
4	完成场景布置并测试效果	30		
	合计	100		

■ 子任务二 制作直播脚本及设计直播话术

一、任务准备

(一)知识准备

知识点一:直播脚本

直播脚本是直播的执行框架。通过脚本,规划流程、协调各方,让整场直播能够有序地进行,避免突发情况的发生。主播按照脚本的设计,围绕主题、掌控直播的主动权、把握商品讲解的要点和促销节奏,增加客户下单,提高直播的转化率。直播脚本一般分为单品脚本和整场脚本。单品脚本是针对一个产品进行的脚本设计和规划。整场脚本是对整场直播的脚本编写。

整场脚本案例

知识点二：直播话术设计

直播话术设计非常重要，主播从专业角度出发，针对一个产品以及同类其他产品做讲解，通过描述让粉丝对产品建立信任感，指导粉丝根据自己的情况选择产品，促成转化下单。在推荐产品时，直播的话术包括欢迎话术、留人话术、互动话术、产品介绍话术、催单话术、成交话术、结束话术等多种类型。

直播话术设计

知识点三：直播话术技巧

直播带货，主播介绍一款商品时，要将商品要点清晰、有条理地讲解展示出来，且时间不宜过长，最好保持5~10分钟，充分和粉丝互动。这样既能保障主播在有限的时间内展示多种商品，还能向粉丝展现出专业度，提升粉丝的信赖感。其中运用的话术技巧包括商品展示技巧、商品讲解技巧、粉丝互动技巧。

直播话术技巧

（二）操作准备

1. 明确直播主题

明确直播主题，本场直播是回馈粉丝活动，还是新品上市促销活动，目的是让粉丝明白，在这场直播里能看到什么、获得什么，提前引起粉丝兴趣。

2. 明确直播目标

设定目标能够提升主播的自信心，当每天都能完成既定的目标后，主播的自信心会得到很大的提升，然后会勇敢地去挑战更大的目标。但是，要注意目标的设定是建立在前期数据的基础之上再结合实际情况的，长期无法达到目标会让主播失去信心。

3. 明确直播时间

要提前确定好每天的开播时间、开播时长，定好后不建议经常更换，粉丝们在看两三场直播后就会开始形成记忆习惯，如果频繁更换开播时间，可能会造成粉丝黏性不高、掉粉等情况。

【随堂作业】 调查总结同行业账号的直播时间段，以及抖音访问量最高的时间段，在此基础上确定直播时间并说明原因。

4. 明确直播团队分工

一般分工如下：主播负责引导观众、介绍产品、解释活动规则；助理负责现场互动、回复问题、发送优惠信息等；客服负责修改产品价格、与粉丝沟通、转化订单等；后台工作人员负责确认产品库存是否可以增加等。

（三）任务要领

直播销售技巧包括以下3点。

1. 货比三家

主播首先要足够了解商品，然后通过对比同品类不同品牌的商品，凸显自身商品优势，例如，产品独特的外观设计、强大的功能、过硬的质量保证等，通过配合各种直播间限时优惠活动，如优惠券、秒杀和赠品等，减少粉丝犹豫选择的时间，营造出商品一抢而空的气氛，从而刺激粉丝下单购买。

2. 趣味实验演示

除真人演示外，主播还可以通过趣味实验侧面展示商品的核心卖点和属性，增强粉丝对商品的信任度，还可以带动直播间的气氛，让直播变得有趣、活跃。

3. 善于沟通交流

主播善于表达，精于表达，会讲故事，会做类比，会讲场景，可以让讲解变得更加具有感染力，粉丝才不会有一种被推销感。值得注意的是，主播与粉丝之间进行沟通交流时要保持主线，不能偏离商品的核心卖点，这样才能保证交流的互动价值，粉丝也愿意接受。

（四）任务流程

子任务二制作直播脚本及设计直播话术操作流程如图 3-27 所示。

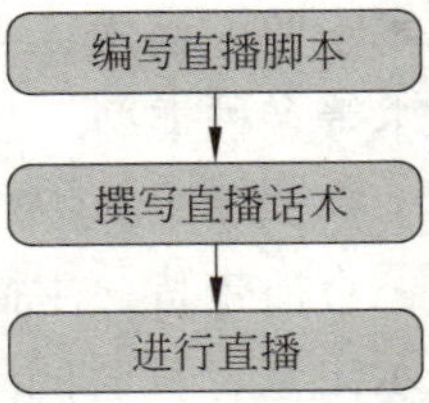

图 3-27　子任务二制作直播脚本及设计直播话术操作流程

二、任务操作

操作要求：制作唐韵温泉度假村直播脚本，并准备整场直播话术。

步骤一：编写直播脚本

一份合格的直播脚本都是具体到分钟，什么时间进行热场，什么时间进行抽奖活动，什么时间播哪几款产品，这些都需要提前确定好。以唐韵温泉度假村直播两个小时为背景，设计直播脚本，编写内容如表 3-25 所示。

表 3-25　编写直播脚本

直播目标	销售商品数：_____；增粉量：_____人；销售额：_____元			
直播人员	主播：_____；助理：_____；客服：_____			
直播时间	_____月_____日；直播间地址：_____			
直播主题				
时间	流程	主播工作内容	助理工作内容	客服工作内容	产品卖点
	开场	引导粉丝关注	回复问题	推送开播通知	
	讲解产品	讲解_____款产品			
	气氛带动				
	讲解产品	讲解_____款产品			
	气氛带动				
	讲解产品	讲解_____款产品			
	结束	引导粉丝关注	回复问题	处理订单信息	

步骤二：撰写直播话术

主播是一个直播间的中流砥柱，产品的使用方法、优势、效果、优惠活动等都是通过主播的展示及描述推荐给观众的，而只有成功种草，观众才会有购买的欲望，所以直播过程中如何说好话、说对话，对于主播来说是一项很重要的职业能力。根据设计的脚本准备直播过程中的话术，包含开场话术、建议粉丝分享话术、产品讲解话术、增强直播间气氛话术等内容。

开场话术内容（围绕直播主题）：_____
_____

建议粉丝分享话术内容（搭配新粉丝优惠活动或拉新立减活动）：_____
_____

以一个产品为例，讲解话术内容：_____
_____

增强气氛话术（如生活趣事、产品趣味实验）：_____
_____

步骤三：进行直播

根据直播情况，总结直播问题：_____
_____
_____

三、任务评价

子任务二制作直播脚本及设计直播话术评价见表3-26。

表3-26 子任务二制作直播脚本及设计直播话术评价

编号	任 务 名 称	分值	正确率 /%	得分
1	编写直播脚本	30		
2	撰写直播话术	30		
3	进行直播	40		
	合　　计	100		

子任务三　设计与实施直播活动

一、任务准备

（一）知识准备

知识点一：直播间促销活动类型

直播间促销活动类型主要有抽奖、优惠券、赠品、折扣。抽奖活动可以迅速吸引观众进入直播间，快速把直播购买下单推入高潮，增加用户黏性。优惠券一般是店铺或产品的"满减"优惠券、抵价券、现金券和包邮券等，吸引消费者并冲动性消费。赠品的方式让消费者有买到即赚到的感觉。折扣即直接减价对消费者的吸引力最大。

知识点二：直播间挂图内容类型

直播间挂图内容类型包含优惠活动的内容和引导粉丝关注的内容。优惠活动的内容即在直播间悬挂如大额优惠券、限时秒杀、产品折扣等内容。引导粉丝关注的内容即在直播间悬挂引导粉丝关注的图片。通过活动内容来留住粉丝。

直播间挂图内容类型

知识点三：直播间产品规划

直播间产品规划包括引流款（福利款、宠粉款）、利润款、活动款（爆款）和形象款。引流款是为直播间吸引流量的商品，通常是性价比高的商品，并常以成本价，甚至是低于成本价销售。利润款商品一般品质高，在产品卖点上有自己的独特之处，并且用户对其价格敏感度不高。活动款是直播间主打款，一般讲解频次或讲解时长较高，目的是清库存、冲销量、增加业绩。形象款是一些高品质、高调性、高客单价的极小众产品，不是为利润，而是为直播间的形象存在的。

（二）操作准备

1. 调查行业用户消费心理

在制订活动方案时，一定要先调查该行业用户的消费心理，可以在同行业的直播间里或同行业短视频评论区了解用户的消费心理。以唐韵温泉度假村为例，有的用户想要的是泡温泉服务的优惠政策，有的用户想要的是免费增加一项配套服务，所以需要提前预测用户的消费心理最倾向于哪一种。

2. 明确直播产品，制定活动预算

选品是运营的基础，贯穿于运营的始终，活动是增粉和促进消费的要素，但是在制定活动时，需要明确产品的活动预算，包含产品的成本价格、毛利润等。

（三）任务要领

1. 分析常见顾客心理

（1）短缺心理。

（2）从众心理。

（3）对照心理。

（4）贪利心理。

2. 合理控制直播时间

在直播过程中，根据直播间同时在线的人数、每个产品的点击转化以及用户对活动的高度支持，可以引导主播进行重点演绎。例如，某个产品呼声高的时候，可以安排在直播最后一小时后的时候进行返场，或者说销售数据高的产品，产品介绍、购买时间可以适当延长几分钟。

（四）任务流程

子任务三设计与实施直播活动操作流程如图3-28所示。

工作领域三　社群营销内容制作与发布 ………… 131

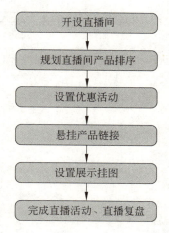

图 3-28　子任务三设计与实施直播活动操作流程

二、任务操作

操作要求：为唐韵温泉度假村产品设置优惠活动、设计展示挂图，在直播中配合话术及时上架产品链接。

步骤一：开设直播间

在中联社交电商实训平台新建直播间，确定好直播名称、主播昵称、直播时间、主播头像、直播间背景封面，在实际允许的情况下，准备好分享封面、店铺、商品列表、直播简介，让客户了解得更清楚，填写好后进行保存。

新建直播间如图 3-29 所示。

图 3-29　新建直播间

填写新建直播间内容如图 3-30 所示。

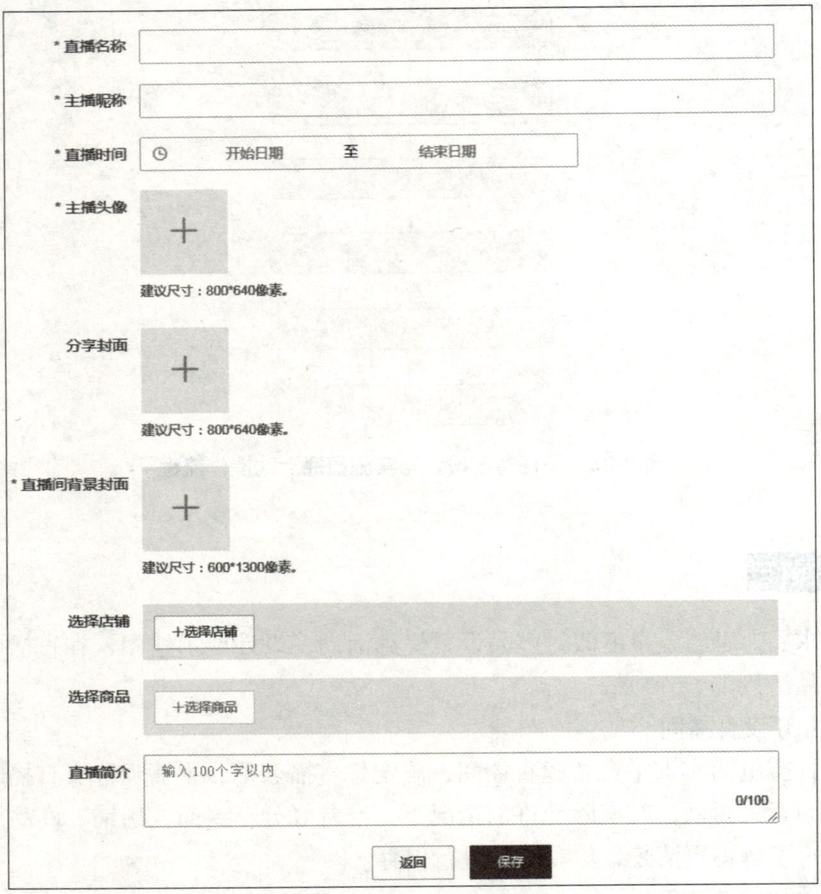

图 3-30　填写新建直播间内容

步骤二：规划直播间产品排序

根据直播主题确定好直播间产品排序，将活动产品、优势产品放在最顶端，让顾客一进直播间就被吸引住。

【直播间产品排序】

1. _____
2. _____
3. _____
4. _____
5. _____
6. _____

步骤三：设置优惠活动

根据产品成本、利润率合理设置优惠活动。

针对唐韵温泉度假村的产品设置 3 个优惠活动。

1. _____
2. _____
3. _____

步骤四：悬挂产品链接

根据脚本制定的时间、内容，以直播实际的进程，安排工作人员进行及时悬挂产品链接。

根据子任务二设定的脚本内容，说明解释进行产品链接悬挂的时间点。

_____

_____

描述实际直播中，悬挂产品链接错过了预定好的时间的处理方式。

_____

_____

步骤五：设置展示挂图

根据设置的优惠活动，说明展示挂图的色彩、内容、样式等。

_____

_____

步骤六：完成直播活动、直播复盘

以上各项准备好之后，就可以开启直播，进入设置好的直播间的控制台，微信扫码进行直播。

直播列表如图 3-31 所示。

图 3-31　直播列表

直播间操作台页面如图 3-32 所示。

图 3-32　直播间操作台页面

在结束直播活动后进行直播复盘，一般来说，复盘可以分为 4 个步骤：回顾目标、数据分析、问题改进、记录总结。

【直播复盘】

回顾目标：_____
_____

数据分析：_____
_____

问题改进：_____
_____

记录总结：_____
_____

直播复盘如表 3-27 所示。

表 3-27　直播复盘

复盘数据项	数 据 量
直播销售额	
直播观众总数	
直播观众停留时长	
新增粉丝数	
直播互动数据	

三、任务评价

子任务三设计与实施直播活动评价见表 3-28。

表 3-28　子任务三设计与实施直播活动评价

编号	任 务 名 称	分　值	正确率 /%	得　分
1	开设直播间	10		
2	规划直播间产品排序	10		
3	设置优惠活动	10		
4	悬挂产品链接	20		
5	设置展示挂图	20		
6	完成直播活动、直播复盘	30		
	合　　计	100		

任务四　制作与发布其他内容

【任务情境】

为让用户用更简单、便捷的方式就能了解唐韵温泉度假村的信息，唐韵温泉度假村可以通过二维码、H5 场景和导航的信息页面等进行推广，提升产品和服务传播的速度和效率。

1. 现状分析

（1）现有二维码分析。图 3-33 所示为唐韵温泉度假村"唐韵乐养"公众号二维码。

图 3-33　唐韵乐养公众号二维码

扫码进入后，可以看到有关唐韵温泉度假村的消息，如图 3-34 所示，但最新一条公众号消息是一个半月前，时间间隔较久。点击服务按钮进入商城，可以看到唐韵温泉度假村的鸟瞰图片和大门图片，以及唐韵温泉度假村的地理位置、营业时间、联系方式。

图 3-34　唐韵乐养公众号内容

图 3-35 所示为唐韵温泉度假村套餐预约二维码，需要扫码加客服进行预订服务。

图 3-35　醉美唐韵套餐订购二维码

（2）现有 H5 场景分析。唐韵温泉度假村现只拥有 H5 的招聘页面，传达了简单的招聘信息，招聘页面如图 3-36 所示。

图 3-36　H5 招聘页面

（3）现有导航页面分析。唐韵温泉度假村已在百度地图、搜狗地图等导航软件拥有自己的位置信息，展示唐韵温泉度假村的风景图片及部分服务内容，用户在地图导航上可以了解住宿服务。

百度地图导航页面如图 3-37 所示。

搜狗地图导航页面如图 3-38 所示。

2. 存在问题

（1）二维码利用率低。唐韵温泉虽拥有公众号二维码和订购二维码，但扫描后呈现内容较少，没有展现唐韵温泉度假村最新消息，例如优惠活动。且没有二维码可以直接扫描看到唐韵温泉度假村风景功能介绍和美景介绍。

（2）H5 场景单一。唐韵温泉 H5 场景单一，且颜色过于浓重，用户感官体验差。整个 H5 页面风格与唐韵温泉度假村的疗养特色不相融，难以让观看用户融入氛围中。

（3）导航信息页面服务内容不完整。在导航软件唐韵温泉度假村的信息页面可以看到酒店产品、唐韵温泉酒店的图片，没有对唐韵温泉度假村整体的服务进行说明和展示，导致用户对唐韵温泉的服务内容了解相对减少。

3. 破局之法

（1）增加二维码展示内容。通过二维码生成工具，将唐韵温泉度假村的宣传视频、宣传图片、服务内容、活动内容等展现出来，让用户一扫二维码就能对唐韵温泉度假村有全面的了解。

（2）设计不同场景的 H5 页面。现在唐韵温泉只有针对招聘的 H5 页面，可利用多种 H5 制作工具根据不同的使用场景以及具体内容制作出不同样式的 H5 场景，增加用户感官体验。

图 3-37 百度地图导航页面

图 3-38 搜狗地图导航页面

子任务一　制作与发布二维码

一、任务准备

（一）知识准备

知识点一：二维码制作平台

二维码制作平台主要为草料二维码生成器和微微二维码生成器。草料二维码生成器是一款简单好用的二维码编辑器，二维码的内容数据均放在阿里云，安全稳定，不会泄露。主要提供二维码生成、美化、印制、管理、统计等服务。微微二维码生成器，可定制颜色、Logo、背景图、前景图、录音语音、图文排版、趣味卡通等，常用图片工具包含在线平面设计、图片压缩、图片水印、图片裁剪、图片改色、文字制作等。

知识点二：二维码常见用途

二维码常见用途有物品标识、电子凭证和跳转节点。物品标识即每个

普通二维码和活码的区别

物品唯一对应一个二维码，"一物一码"，可以通过扫码快速查看物品的参数、简介、图文等。电子凭证即作为物品、人、事件的身份标识，如支付二维码、健康码等，确保线上和线下之间的身份确认，它是重要的中间凭证。跳转节点，即可以存储网址，通过二维码识别软件，就能够访问这个网址，如添加微信号、关注公众号、App下载链接等。

（二）操作准备

1. 明确二维码制作目的

用二维码可以替代纸质宣传资料，随时更新，不需要重复打印。可以用于展示商品详情、使用说明书、多媒体图书等内容。在制作二维码之前，要明确该二维码要展现的内容是什么，用于什么场景。如果二维码用于宣传海报上，那么这时二维码就需要达到美观的效果。

【随堂作业】 列举唐韵温泉度假村现阶段制作二维码可以展示的内容以及二维码使用场景。

2. 选择二维码生成工具

根据二维码制作的目的，选择合适的二维码生成工具。

【随堂作业】 假设唐韵温泉度假村现在需要将宣传视频以二维码形式分享给重要用户，探讨该用哪个二维码生成工具，并说明理由。

（三）任务要领

二维码常用美化技巧如下。
（1）色彩组合。
（2）局部遮挡。
（3）中心装修。
（4）造型变换。

（四）任务流程

子任务一制作与发布二维码操作流程如图3-39所示。

图3-39　子任务一制作与发布二维码操作流程

二、任务操作

操作要求：利用二维码生成工具完成唐韵温泉度假村的二维码制作。

步骤一：制作二维码链接内容

明确二维码制作目的后，需要提前准备好二维码链接的内容。

二维码展现内容描述：_____

_____

步骤二：使用工具生成二维码

制作完二维码链接的展现内容之后，选择合适的二维码生成工具。在中联社交电商实训平台操作，以生成百度页面二维码为例，二维码生成界面如图3-40和图3-41所示。

图 3-40　二维码生成界面（1）

填写好内容后,生成二维码。

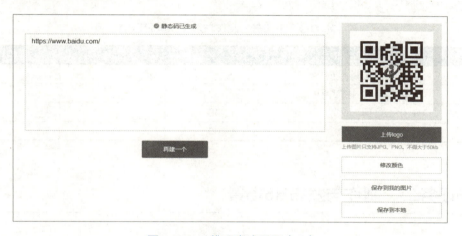

图 3-41　二维码生成界面（2）

生成的二维码可以更改 Logo 或修改颜色,如图 3-42 所示。

图 3-42　二维码修改界面

综合上述所有步骤,用通畅的语言及清晰的图表总结二维码制作流程。

步骤三：美化二维码

因为直接生成的二维码样式简单，可以根据二维码展现内容来进行二维码的颜色及样式美化。

三、任务评价

子任务一制作与发布二维码评价如表 3-29 所示。

表 3-29　子任务一制作与发布二维码评价

编号	任务名称	分　值	正确率/%	得　分
1	制作二维码链接内容	30		
2	使用工具生成二维码	30		
3	美化二维码	40		
	合　计	100		

■ 子任务二　制作与发布H5场景

一、任务准备

（一）知识准备

知识点一：H5 的优势

H5 的优势包括跨平台性和操作简便。跨平台性，即不受平台的限制。用 H5 搭建的站点与应用可以兼容 PC 端与移动端、Windows 与 Linux、安卓与 iOS，可以轻易地移植到各种不同的开放平台、应用平台上。操作简便即开发者不需太多适配工作，用户不需下载，打开网址即可访问，启动时间短、联网速度快，用户用较少的流量就可欣赏到高级图形、版式、动画等炫酷的视觉和听觉效果。

H5的制作工具

知识点二：H5 的制作工具

H5 的制作工具主要有易企秀、兔展、木疙瘩、MAKA 和易企微。

知识点三：H5 页面包含要素

H5 页面包含要素有背景图、文本、音乐、图片和装饰元素。背景图是整个 H5 页面的基础，一定要选用合适的风格及颜色。文本中突出重点的文字往往是微信交互 H5 页面的点睛之笔。音乐是整个 H5 页面的重要因素，可以渲染用户观看的情绪。图片之间的交互、与文字的配合是 H5 页面能够调动用户感官的重要方式。装饰元素可以起到修饰整个 H5 页面氛围的作用。

（二）操作准备

1. 明确 H5 页面制作目的

在制作 H5 之前，要明确该 H5 页面要展现的内容是什么，适用于什么场景。

【随堂作业】 列举唐韵温泉度假村现阶段最需要制作的两个 H5 页面，详细说明要展现的内容及使用场景。

2. 选择 H5 页面制作工具

根据 H5 页面制作的目的及内容，选择合适的 H5 页面制作工具。

【随堂作业】 假设唐韵温泉度假村现在要宣传温泉服务，探讨该用哪个 H5 页面制作工具，并说明理由。

（三）任务要领

1. H5 页面设计思路

（1）内容方向。

（2）视觉方向。

（3）交互方向。

2. H5 页面制作技巧

（1）应用流程目录版式。

（2）使用居中型设计。

（3）使用海报式设计。

（4）运用几何图形。

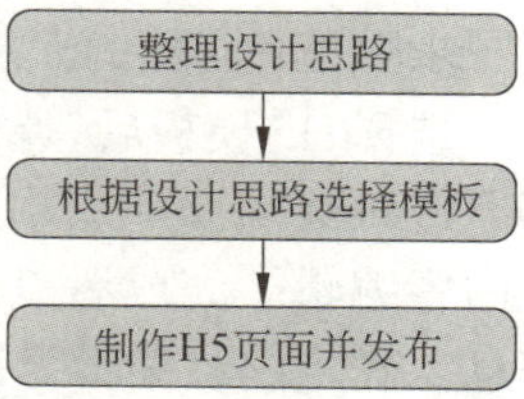

（四）任务流程

子任务二制作与发布 H5 场景操作流程如图 3-43 所示。

图 3-43 子任务二制作与发布 H5 场景操作流程

二、任务操作

操作要求：利用易企秀完成唐韵温泉 H5 页面制作。

步骤一：整理设计思路

H5 页面制作设计如表 3-30 所示。

表 3-30 H5 页面制作设计

主题：	
风格（商务、简约、科技、喜庆等）：	
背景音乐风格：	
页数	主要内容
第一页	
第二页	
第三页	
第四页	
第五页	
第六页	

步骤二：根据设计思路选择模板

根据 H5 页面设计，选择合适的主题模板，如图 3-44 所示。

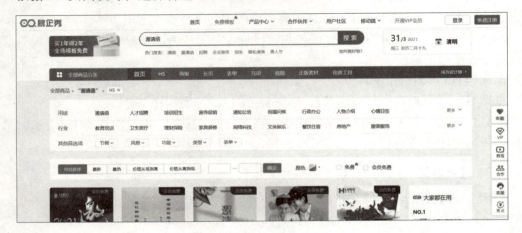

图 3-44 选择模板

步骤三：制作 H5 页面并发布

选择 H5 模板后，点击立即使用，进入 H5 模板编辑页面。在编辑页面内，可以进行页面添加或删减。应用菜单完成页面设置、文字编辑和音乐设置等内容编辑。完成后点击"保存"按钮，保存后可进行预览，并填写作品信息。确定内容编辑无误后，保存页面的二维码可以进行分享。

综合上述所有步骤，用通畅的语言及清晰的思路总结 H5 页面的制作流程。

H5页面制作并发布操作步骤

三、任务评价

子任务二制作与发布 H5 场景评价见表 3-31。

表 3-31 子任务二制作与发布 H5 场景评价

编号	任 务 名 称	分 值	正确率 /%	得 分
1	整理设计思路	30		
2	根据设计思路选择模板（以易企秀平台为例）	30		
3	制作 H5 页面并发布	40		
	合　　计	100		

【任务拓展】你每天扫的二维码是谁发明的

工作领域四
社交平台用户触达与分类

学习目标

1. 知识目标

（1）掌握产品定位的重要性。
（2）掌握新媒体目标用户查找。
（3）设置用户标签，构建用户画像。
（4）了解社交平台特点。
（5）调研用户需求。
（6）掌握用户细分。

2. 技能目标

（1）能够根据自身产品特点，确定需触达人群的属性，制定需触达人群标签。
（2）能够根据触达人群特点，确定触达时间、触达地点，并制订触达话术。
（3）能够根据社交平台特点，选择触达渠道，制订用户触达计划。
（4）能够运用社交账号唤醒私域，通过群组内互动、私信、公开发文等方式触达用户。
（5）能够运用问答类平台，通过问题提问、问题解答、跟帖植入等方式触达用户。
（6）能够运用主流音视频类平台，通过音视频内容分享、评论、私信植入等方式触达用户。
（7）能够运用生活方式类平台，通过生活类软文分享植入等方式触达用户。
（8）能够根据新用户的标签属性进行用户分类。
（9）能够对各类新用户进行细分，细化并增加标签内容及用户需求。
（10）能够根据标签属性，对新用户进行分类建群。

3. 素养目标

（1）提高分析问题的能力，能够找到用户触达的方式。
（2）具备独立思考问题的能力，能够独立完成个人分工。
（3）培养解决问题的能力，能够对新用户进行细分，设置标签属性。
（4）具备法律意识，在遵守相关法律、法规的基础上完成用户建群。
（5）提高创新思维，能够提高新用户触达效果。

任务一 编写与制订触达计划

任务情境

唐韵温泉度假村，地处浙江武汉省级森林公园——壶山公园，是在原有温泉酒店的基础上进行拓展开设的非常适合休闲、游览、健身、度假、疗养的度假村。目前建有自己的官网，在携程、飞猪、抖音、驴妈妈、穷游等社交平台中也积极进行品牌宣传，不断完成拉新工作，进行用户触达工作，提升自身的用户数量。

1. 现状分析

（1）现有人群基数分析。唐韵温泉度假村整体分布如图4-1所示。

图4-1 唐韵温泉度假村整体分布

唐韵温泉度假村是在原有温泉酒店的基础上进行拓展开设的，非常适合休闲、游览、健身、度假、疗养，而温泉酒店已经有20年的经营基础，具有比较多的入驻人群基数，从统计数据中也可以看出，度假村订单数量总体是呈上升趋势，触达人群数量也在不断增长。

近3年订单数量变化如图4-2所示。

（2）现有宣传方式分析。唐韵温泉度假村线上的宣传资源主要包括携程、飞猪、抖音、驴妈妈、穷游，基本的宣传推广功能均已配备。

① 携程。携程平台唐韵温泉度假村如图4-3所示。

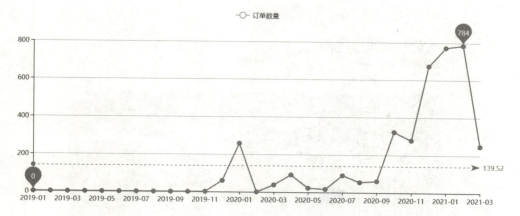

图 4-2　近三年订单数量变化

图 4-3　携程平台唐韵温泉度假村

② 飞猪。飞猪平台唐韵温泉度假村如图 4-4 所示。

图 4-4　飞猪平台唐韵温泉度假村

③ 驴妈妈。驴妈妈唐韵温泉度假村如图 4-5 所示。
④ 抖音。抖音平台唐韵温泉度假村如图 4-6 所示。

图 4-5　驴妈妈唐韵温泉度假村

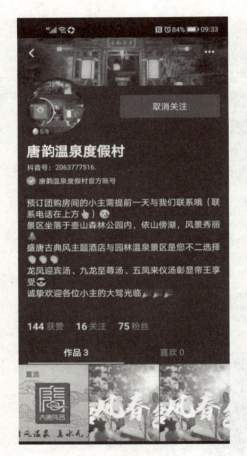

图 4-6　抖音平台唐韵温泉度假村

⑤ 穷游。穷游平台唐韵温泉度假村如图 4-7 所示。
⑥ 微信。微信平台唐韵温泉度假村如图 4-8 所示。

图 4-7　穷游平台唐韵温泉度假村

图 4-8　微信平台唐韵温泉度假村

（3）现有用户触达效果分析。2月访问次数如图4-9所示。2月订单数量如图4-10所示。3月访问次数如图4-11所示。3月订单数量如图4-12所示。

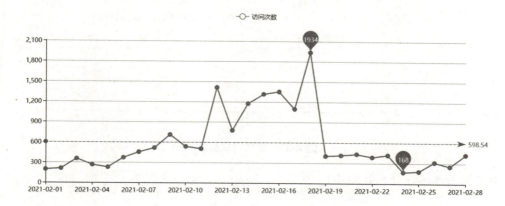

图 4-9　2月访问次数

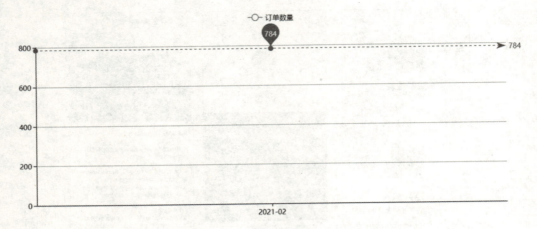

图 4-10　2 月订单数量

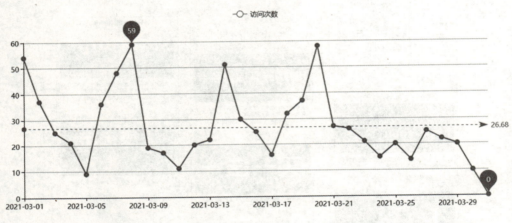

图 4-11　3 月访问次数

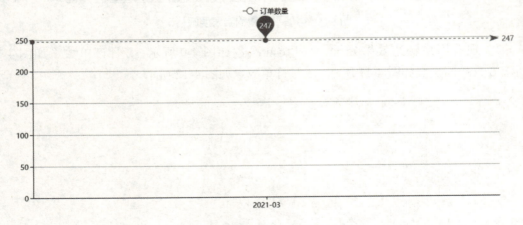

图 4-12　3 月订单数量

近 7 天新老客户分布如图 4-13 所示。

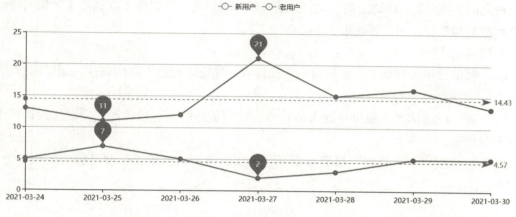

图 4-13　近 7 天新老客户分布

从目前的数据可以看出，虽然唐韵温泉度假村访问人数在增长，但实际下订单用户人数却在下降，并且用户中是以老客户为主要的订单对象，所以从整体上说，唐韵温泉的用户触达效果，特别是新用户的用户触达效果不太好。

2. 存在问题

（1）缺乏完善的用户触达机制。通过在温泉酒店前台为期 3 天的调研后发现，具有 20 年经营经验的温泉酒店，虽然入驻的人群数量是比较大的，但是大多数用户不知道、不了解唐韵温泉度假村的产品项目，90% 的用户是通过前台介绍才了解的，缺乏完善的用户触达机制。

（2）对人群缺乏正确定位，大量潜在用户流失。唐韵温泉度假村虽然对自身的经营理念有着清晰直观的认知，但在对用户进行产品介绍时主要通过前台完成，缺乏完善的用户触达机制，虽然每年有 10 多万的到店住客，这部分客人也在前台都登记了手机号、身份证号等，停车系统里都记录了所有客人的车辆信息，但巨大的数据库并没有使用起来，缺乏对人群的正确定位，在推荐项目产品中缺乏针对性，很多潜在用户不知道、不了解度假村中有哪些适合自身的产品。

（3）宣传方式单一，宣传力度不足。从企业现有的数据中，可以看出唐韵温泉度假村在 2015 年就有自己的官网，会利用携程、驴妈妈等平台，也顺应潮流在 2019 年开发了自己的小程序，2020 年也注册了抖音账号，但是在利用各种社交软件中，宣传方式单一，简单的文案信息、海报已经不能完全吸引用户。宣传频率也比较低，宣传力度也不足，如抖音中，截至 2020 年 8 月，只有 3 条抖音视频，这会影响客户的体验感。

（4）缺乏适用平台特点的触达计划。唐韵温泉度假村在利用各种社交软件中，没有充分根据各个平台特点建立合适的触达计划，如在微信中，没有根据用户的特点设置人群标签进行分群管理，很多用户很难或不愿意花时间去主动了解适合自己的产品，用户缺乏积极主动性，因而造成人群流失。

（5）缺乏用户跟踪机制，用户失去活力。唐韵温泉度假村虽然使用了包括抖音、微信等在内的各种社交软件，但是，经过调研之后，发现在使用这些社交软件的过程中，缺乏与用户之间，特别是离店之后的互动，甚至有很多用户离店就退群了或删除了管家的微信，缺乏跟踪互动机制，用户因此失去活力。

3. 破局之法

（1）制定触达人群标签。根据自身产品特点，确定需触达人群的属性，制定需触达人群标签。

（2）确定触达话术。根据触达人群特点，确定触达时间、触达地点，设计触达话术，引发人群共鸣。

（3）制订用户触达计划。根据社交平台特点，选择触达渠道，制订完善的用户触达计划。

■ 子任务一　制定触达人群标签

一、任务准备

（一）知识准备

知识点一：目标用户与用户触达

了解目标用户包括两个方面的内容：一是目标用户具有哪些特征；二是影响目标用户意向的因素。用户属性是指用户的不同分类属性，包括用户的性别、年龄、星座、城市、职业等基本信息，不同属性的用户在消费理念、生活习惯和心理需求上都不同。影响目标用户意向的因素包括环境因素、产品因素、经济因素和兴趣习惯。

用户属性示意图

用户触达，就是基于特定目的在特定场景下给特定的用户通过特定的渠道发送特定的消息。实际上就是通过用户的关键行为进行一次精细化的用户分层，之后围绕着产品的核心指标进行二次优化，实现对用户行为路径的优化和产品使用体验。包括人群触达、品牌触达、产品触达、价值观触达。

知识点二：产品定位

产品定位就是指消费者对某款产品的一个客观评价和提起这款产品时脑海中勾勒出的一幅图画。要明确该产品能够提供什么样的服务、有什么特色、可以为用户解决什么需求。产品定位包括3个层面的要素，分别是做什么、做给谁，以及怎么做。产品不同，实际上能够触达的人群也不完全相同。

产品定位

知识点三：用户标签与用户画像

用户标签广义指用户依托于特定的载体，对其在特定的业务场景下行为的特征。狭义即用户信息标签化，简单来说就是用一些具有较强概括性的词汇来描述或形容用户特征、兴趣爱好。通常用户标签可分为两类：静态用户信息标签、动态用户信息标签。

用户画像（user profile）是一种将用户属性、行为等信息以图像直观

静动态标签及标签体系

地展示出来，以方便营销人员进行用户定位的有效工具，是实际用户的虚拟代表，能够将产品或品牌的主要受众和目标群体通过数据进行展示，从而实现数据的统计分析。用户画像的核心是给用户贴标签。通过用户画像，可以专注用户、提高效率，精准营销。

用户画像

（二）操作准备

1. 产品特点分析

不同产品在实际运营过程中，面对的需触达用户并不是完全一致的，所以，在进行触达人群确定之前，作为运营人员必须对自身要运营产品有足够的了解，清醒地定位才能保证运营中推送的产品是精准地触达到需触达的目标人群。以唐韵温泉为例，从该企业的产品价格表中会议中心可以看出，会议形式及人数不同，价格不同，那么面对需触达人群也就不同，所以需要企业对目前的产品进行分析。

【随堂作业】 根据企业提供产品信息，对产品特点进行分析，要求全面、精炼。

2. 用户资料收集，了解用户属性与购买行为

在正式设置用户标签之前，必须了解目标人群的特点，因为标签的设置不是随意的，需要根据产品特点和企业目标进行设定。例如，唐韵温泉度假村，为能够设置合理的用户标签，构建用户画像，就必须提前收集用户资料，了解用户的年龄段、消费频次、消费的产品结构等，才能更好地完成产品项目推荐，切合用户需求点。通过多种渠道帮助企业收集客户信息。

【随堂作业】 需要进行用户资料收集，如可以将需要了解的用户信息设置问卷的形式，就用户的基本信息、用户的年龄、消费习惯等让用户进行选择，通过线上或线下，邀请用户作答，填写完成后，可以给予一定的红包奖励。

（三）任务要领

1. 定义目标用户的方法

企业定位目标用户群体，可以从两个方面进行考虑。

（1）分析大量用户的收入水平、消费水平，消费行为和地理位置等属性信息，将其分为不同类别，再将不同类别的用户群体与企业的产品或品牌目标进行对比分析，找出匹配度高的用户群体，即产品或品牌的目标用户群体。

（2）通过调查分析用户的真实想法，适当调整产品或品牌的定位，一般来说，进行调查的方法有发放调查问卷、有奖问答及实地探访等。

2. 用户画像的流程

虽然用户标签很重要，但事实上，用户标签并不是终极目的，用户标签是为用户画像做准备的，当用户标签足够多之后，就可以集合所有的标签，为用户画出具备鲜明特征的画像来。

用户画像的构建一般可以分为数据采集、分析建模、画像呈现3个步骤。

用户画像的流程

（四）任务流程

子任务一制定触达人群标签操作流程如图4-14所示。

图 4-14 子任务一制定触达人群标签操作流程

二、任务操作

操作要求：在掌握自身产品特点的前提下，通过收集客户资料，区分需触达人群的属性，设置触达人群用户标签，构建用户画像。

步骤一：制作调查问卷，收集客户资料

自行将需要了解的客户信息设计成不同的题型，让用户进行回复。然后发放问卷，邀请用户作答并回收问卷，收集用户信息。

问卷的调研问题一般不少于 10 个，不多于 15 个，唐韵温泉调研表如图 4-15 所示。

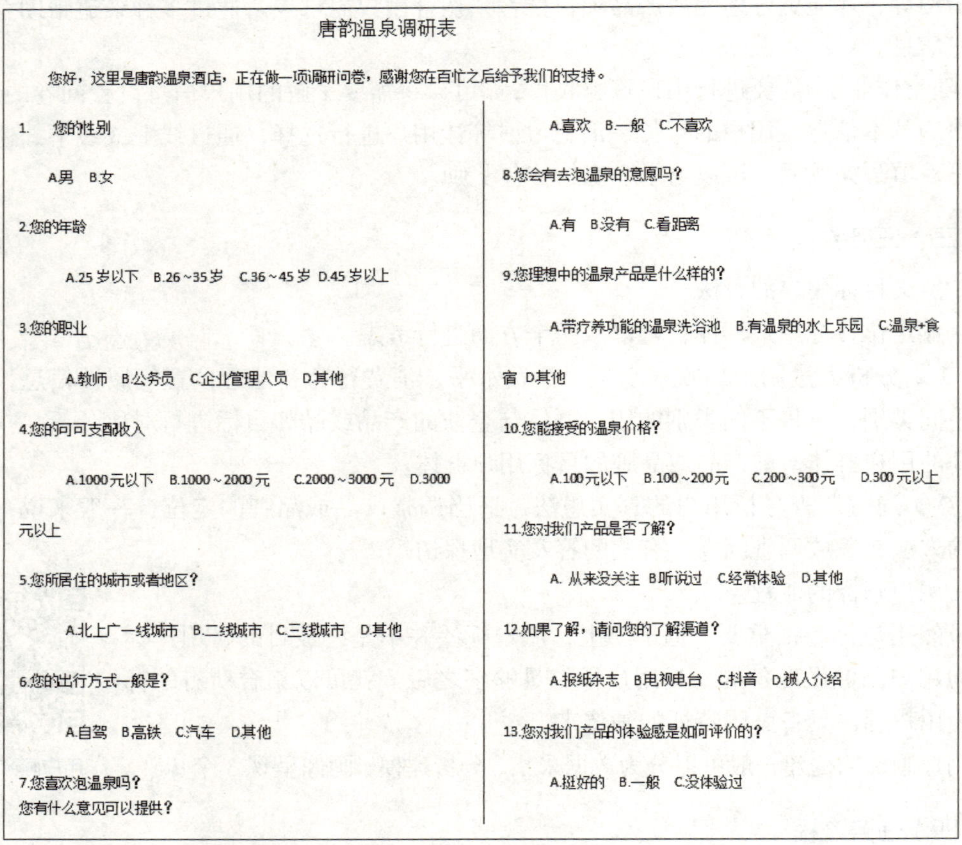

```
                        唐韵温泉调研表
    您好，这里是唐韵温泉酒店，正在做一项调研问卷，感谢您在百忙之后给予我们的支持。

1. 您的性别                              A.喜欢   B.一般   C.不喜欢

   A.男   B.女                         8.您会有去泡温泉的意愿吗？

2.您的年龄                                  A.有   B.没有   C.看距离

   A.25 岁以下  B.26~35 岁  C.36~45 岁  D.45 岁以上   9.您理想中的温泉产品是什么样的？

3.您的职业                              A.带疗养功能的温泉洗浴池  B.有温泉的水上乐园  C.温泉+食

   A.教师  B.公务员  C.企业管理人员  D.其他     宿  D.其他

4.您的可支配收入                         10.您能接受的温泉价格？

   A.1000 元以下  B.1000~2000 元  C.2000~3000 元  D.3000   A.100 元以下  B.100~200 元  C.200~300 元  D.300 元以上

元以上                                  11.您对我们产品是否了解？

5.您所居住的城市或者地区？                    A. 从来没关注  B.听说过  C.经常体验  D.其他

   A.北上广一线城市  B.二线城市  C.三线城市  D.其他   12.如果了解，请问您的了解渠道？

6.您的出行方式一般是？                      A.报纸杂志  B.电视电台  C.抖音  D.被人介绍

   A.自驾  B.高铁  C.汽车  D.其他          13.您对我们产品的体验感是如何评价的？

7.您喜欢泡温泉吗？                          A.挺好的   B.一般   C.没体验过
您有什么意见可以提供？
```

图 4-15 唐韵温泉调研表

步骤二：设置触达人群属性

并不是所有的用户都能成为企业的目标客户，那就需要解决给哪些用户做触达的问题，所以，要进行数据分析，将回收的调查问卷中得到的用户信息转化为数据，进行统计分析，并对信息进行聚类，确定出需触达人群应具备的静态属性和动态属性。

静态属性包括人口属性、商业属性，如基本信息、消费能力等；动态属性包括行为属性、购买属性，如品牌偏好、上网习惯、上网频率等。

【静态属性设置】

属性1：_____　　属性2：_____　　属性3：_____
属性4：_____　　属性5：_____　　属性6：_____

【动态属性设置】

属性1：_____　　属性2：_____　　属性3：_____
属性4：_____　　属性5：_____　　属性6：_____

步骤三：设置触达人群标签

将用户信息进行数据转化，进行统计分析，对信息进行汇总，提炼关键要素，区别客户的不同价值，从而将客户分类成不同的重要级别，设置用户标签。

用户标签要与产品贴合，能对触达产品有一定的影响力。

【人口属性标签】

标签1：_____　　标签2：_____　　标签3：_____
标签4：_____　　标签5：_____　　标签6：_____

【行业偏好标签】

标签1：_____　　标签2：_____　　标签3：_____
标签4：_____　　标签5：_____　　标签6：_____

【购物偏好标签】

标签1：_____　　标签2：_____　　标签3：_____
标签4：_____　　标签5：_____　　标签6：_____

【行为特征标签】

标签1：_____　　标签2：_____　　标签3：_____
标签4：_____　　标签5：_____　　标签6：_____

步骤四：构建需触达人群的用户画像

根据需触达人群标签的设置，构建用户画像。得到用户画像后，与品牌及产品定位进行对比，确定核心目标用户，即该品牌后期的主要潜在用户和首要营销用户。

构建的用户画像完整，能够起到实际指导作用。

【构建用户画像】

文字描述：_____
_____
_____

图形方式：_____
_____
_____

三、任务评价

子任务一制定触达人群标签评价如表 4-1 所示。

表 4-1 子任务一制定触达人群标签评价

编号	任务名称	分值	正确率/%	得分
1	制作调查问卷，收集客户资料	25		
2	设置触达人群属性	25		
3	设置触达人群标签	25		
4	构建需触达人群的用户画像	25		
	合　　计	100		

■ 子任务二　确定触达话术

一、任务准备

用户触达是指基于特定目的在特定场景下给特定的用户通过特定的渠道发送特定的消息，包含素材、渠道、对象、场景、目标这五大要素。

用户触达要素如图 4-16 所示。

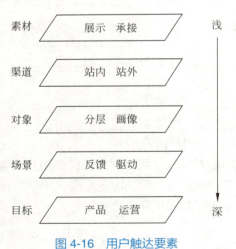

图 4-16 用户触达要素

作为企业运营者需要知道，在运营过程中，如果触达做得不好，不仅不能达到良好的营销效果，反而可能引起客户的反感，造成客户流失。

触达案例如图 4-17 所示。

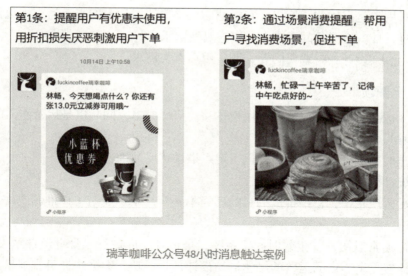

图 4-17 触达案例

（一）知识准备

知识点一：触达场景

触达中很关键的一个要素，也是考验产品或运营能力的一个要素，即在什么情况下做触达。场景选择正确是触达成功最重要的一环。针对特定活动，运营直接给用户推送活动信息，就属于驱动场景推送。用户在平台上进行操作行为，触发了某种机制后，平台给用户回应特定行为，就属于反馈场景推送。无论是反馈型还是驱动型，目的都是帮助用户接收到更有用处的内容，根据不同的场景使用不同的触达方式，确保触达内容对用户是有用的。

触达场景

知识点二：触达素材

触达素材就是被触达时所能直接收到的内容，内容有着承上启下的作用，它包括两个部分：一是展示，就是视觉所能看到的；二是承接，就是触达消息指示的下一步方向。展示一般包括文案、图片和图文 3 种，承接包括链接和落地页这两个元素。

触达素材

（二）操作准备

1. 分析用户群体特点

触达的最主要目的是希望需触达的用户能够关注推送的内容，成为企业的客户，但是不同的用户实际需求是不完全相同的，所以，在确定触达时间、触达地点，设计触达话术之前，必须要充分了解用户群体的特点，以唐韵温泉来说，如果需触达用户定义为商务人士，那么推送时间就不能在工作时间，推送的频率不要太多，一天最多 3 次，否则会引起反感。

【随堂作业】 根据用户画像，分析用户群体特点。

2. 调研用户需求

无论是反馈型场景还是驱动型场景，目的都是帮助用户接收到更有用处的东西，要确保触达内容对用户是有用的。所以，在触达时必须要了解用户的真实需求。以唐韵温泉来说，可以通过设计一份调研问卷来调研用户真实需求。

【随堂作业】 设计一份调研问卷，调研用户真实需求。

(三) 任务要领

更高效、精准的触达不仅能提升用户体验，降低成本，同时也是运营能力的体现。

1. 推送时间

根据推送的类型可以分为即时推送、定点推送、反馈推送3种。

2. 触达统计指标

在现代运营理念中，营销推广的目的已经不是简简单单地向用户推荐广告，而是要去确认有效触达。

触达统计通常以用户、生效时间、系统、渠道等维度进行，常见统计结果有触达率、打开率、目标转化率。产品运营的触达活动设计是否成功，数据统计可直观呈现，根据数据分析，可持续优化触达方式。

3. 触达内容

触达内容是让用户通过特定途径了解产品，也向用户输出产品特定的价值观，从而吸引目标用户使用产品。关键作用在于建立连接，将产品和客户连接起来，让客户对产品产生兴趣。

唐韵温泉活动内容触达如图4-18所示。

图 4-18 唐韵温泉活动内容触达

(四) 任务流程

子任务二确定触达话术操作流程如图4-19所示。

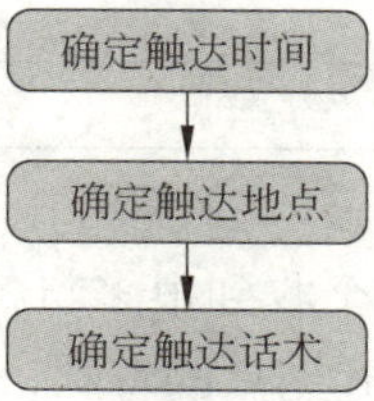

```
确定触达时间
    ↓
确定触达地点
    ↓
确定触达话术
```

图 4-19　子任务二确定触达话术操作流程

二、任务操作

操作要求：能够根据触达人群特点，区分不同类别的人群，分别针对不同人群确定触达时间、触达地点，制定适合的触达话术。

步骤一：确定触达时间

触达的最主要目的是希望需触达的用户能够关注推送的内容，成为企业的客户，所以在推送过程中，就必须在了解需触达用户特点的基础上，就不同特点的需触达人群制定相应合理的推送时间和推送频率。

触达时间的选择一定要与需触达人员的有效时间相切合；触达频率与需触达人员的特点相切合。

用户触达时间见表 4-2。

表 4-2　用户触达时间

人群分类	触达时间 1	触达时间 2	触达时间 3	触达频率
商务人士				

结论：_____

步骤二：确定触达地点

触达并不是简单地将内容推送给你期望的客户，在合适的场景触达用户，可以提升整体效果，所以在推送中要注意推送的场景设置，确定触达地点。

触达地点的选择要与需触达人群的特点相吻合，应合理、有效；触达场景的设置应与触达地点吻合，能够激发需触达用户的兴趣。

用户触达地点如表 4-3 所示。

表 4-3　用户触达地点

人群分类	触达地点 1	触达地点 2	触达地点 3	触达场景
商务人士				

结论：_____
_____

步骤三：确定触达话术

在信息爆炸的时代，客户每天都会收到很多与各种产品相关的信息，所以在触达中，如果触达的内容没有吸引力，很难得到用户的青睐，这就要求运营者在推送过程中对推送内容进行话术组织。

综合上述所有步骤，结合需触达人群特点，用简洁且振奋人心的语言推荐选择唐韵温泉度假村产品的理由。

操作提示：

（1）触达话术能全面细致地介绍与产品相关的基本信息。
（2）触达话术新颖、合理，有吸引力。
（3）触达内容要与人群特点符合，不能千篇一律，无的放矢。
（4）触达内容与触达时间相匹配。
（5）触达内容与触达场景相匹配。
（6）触达内容的展现形式生动，有吸引力。

【触达方式】

人群1：_____
_____

人群2：_____
_____

人群3：_____
_____

人群4：_____
_____

【触达内容】

人群1：_____
_____

人群2：_____
_____

人群3：_____
_____

人群4：_____
_____

三、任务评价

子任务二确定触达话术评价如表4-4所示。

表 4-4　子任务二确定触达话术评价

编号	任务名称	分值	正确率/%	得分
1	确定触达时间	30		
2	确定触达地点	30		
3	确定触达话术	40		
	合计	100		

■ 子任务三　制订用户触达计划

一、任务准备

（一）知识准备

知识点一：选择合适的平台

不同的社交平台针对的用户不同，企业应该在充分了解不同社交平台特点的基础上，结合自身产品或品牌特点，选择适合的平台作为营销推广渠道。

知识点二：触达渠道

任何用户运营过程总离不开用户触达渠道的连接。

用户触达渠道可以理解为一切能接触到用户、和用户发生联系的手段，根据实际情况，触达渠道多种多样。对互联网产品来说，产品本身、站内信、push、邮件、短信等都是触达用户的渠道，合适的用户触达渠道是指在不伤害用户体验的前提下，触达率最优的渠道。

常用的社交平台

在选择触达渠道时，运营人员应根据用户画像的不同属性，为用户设计不同的触达渠道。不同产品由于产品特性的差异，即便是同一产品，在产品不同生命周期，用户的使用专业度会存在一定的差别，因此评判触达渠道的标准也有所不同，不能单一的认为哪种触达渠道一定就是最好的。

常用的触达渠道

（二）操作准备

1. 分析不同社交平台

随着互联网的逐步发展，各种社交平台层出不穷，不同平台的优缺点也各不相同，企业在使用这些社交平台的时候，应该充分了解各种社交平台的特点。以唐韵温泉度假村为例，在选择社交平台的时候，目前使用了抖音平台，抖音作为目前用户比较多的社交视频平台，适合品牌推广、企业和企业产品介绍，但同时，如果利用不当，推广效果可能不是特别好。

【随堂作业】设计平台特点

2. 分析触达渠道

企业的产品做得再好，如果不能触达用户，也就没有任何实际价值，所以，作为运营者，就必须考虑使用什么样的渠道将需要触达的内容传递给用户。

目前的触达渠道包括内部触达渠道和外部触达渠道两种，那么要保证良好的触达效果，就必须对触达渠道进行分析，了解不同渠道的优缺点，最终帮助企业选择既符合企业定位又具有整合营销大局观的触达渠道。

以唐韵温泉度假村为例，在选择触达渠道的时候，目前使用了短信方式进行触达，主要是一种反馈型触达，在一定程度上可以提高已使用产品用户的满意度，但是对于未使用产品的用户，就没有办法完成触达，触达效果不太好。

【随堂作业】触达渠道特点

（三）任务要领

1. 明确用户触达渠道的确认指标

与渠道相关的指标一般有两个：到达率和打开率。企业在选择触达渠道的时候，需要结合到达率和打开率来选择触达效果好的渠道推广方式。

用户触达渠道的确认指标

2. 制订用户触达任务计划

触达任务计划包括但不限于以下几个方面。

（1）明确目的。

（2）明确方式。

（3）推送时间。

（4）触达内容。

（5）触达效果分析。

用户触达任务计划

（四）任务流程

子任务三制订用户触达计划操作流程如图 4-20 所示。

图 4-20　子任务三制订用户触达计划操作流程

二、任务操作

操作要求：在充分了解不同社交平台特点的基础上，结合唐韵温泉度假村产品特点、用户画像，选择 2~3 种适合唐韵温泉度假村的触达渠道，并且制订相应合适的触达计划。

步骤一：明确触达目的

触达目的不同，运营者在后续的触达推广中所做的工作也各不相同，所以，首先要明确本次触达的目的是什么。

操作提示：

（1）触达目的与企业现阶段的运营重点相符合。

（2）触达目的不宜过多。

目的1：_____

理由：_____

_____

_____

目的2：_____

理由：_____

_____

_____

目的3：_____

理由：_____

_____

_____

步骤二：确定触达平台

主流的社交平台有很多，但是，对企业来说，不可能在同一时间内兼顾所有平台，所以就要根据企业定位、产品特点、人群画像等，从中选择适合自身的社交触达平台进行运营。

操作提示：

（1）选择的平台要与企业定位、产品特点、人群画像等相吻合。

（2）触达平台选择不宜过多。

平台1：_____

理由：_____

_____

_____

平台2：_____

理由：_____

_____

_____

平台3：_____

理由：_____

_____

_____

步骤三：确定触达渠道

不同的平台有不同的触达方式，如微信可以采用群组内互动的方式，微博可以采用借助热点进行评论的方式，所以企业要结合选择的平台特点，确定最有效的触达渠道。

操作提示：

（1）触达渠道要与平台特点相吻合。

（2）触达渠道选择不宜过多。

渠道 1：_____

理由：_____
_____
_____

渠道 2：_____

理由：_____
_____
_____

渠道 3：_____

理由：_____
_____
_____

步骤四：明确推送时间

触达的目的是希望客户能够提升认同感，所以在推送时间和推送频率中就要注意人群的属性与人群标签、人群画像特点统一。

操作提示：

（1）推送时间符合人群特点。

（2）推送频率符合人群特点。

时间 1：_____

理由：_____
_____
_____

时间 2：_____

理由：_____
_____
_____

时间 3：_____

理由：_____
_____
_____

推送频率：_____

理由：_____
_____
_____

步骤五：完成触达内容

触达内容是将产品与用户进行连接的重要载体，所以触达内容一定要能够吸引用户的注意力。

操作提示：

（1）触达内容要与产品特点相吻合。

（2）触达内容要能吸引消费者注意力。

（3）触达内容要形式多样。

【触达内容】

形式1：_____

表述结果：_____

_____

_____

形式2：_____

表述结果：_____

_____

_____

形式3：_____

表述结果：_____

_____

_____

形式4：_____

表述结果：_____

_____

_____

步骤六：分析触达效果

综合上述所有步骤，结合用户标签属性，根据选择的触达渠道特征，用通畅的语言及清晰的思路对触达效果进行分析。

效果1：_____

分析：_____

_____

_____

效果2：_____

分析：_____

_____

_____

效果3：_____

分析：_____

_____

效果4：_____

分析：_____

_____

_____

三、任务评价

子任务三制订用户触达计划评价见表4-5。

表4-5 子任务三制订用户触达计划评价

编号	任务名称	分值	正确率/%	得分
1	明确触达目的	10		
2	确定触达平台	15		
3	确定触达渠道	15		
4	明确推送时间	15		
5	完成触达内容	20		
6	分析触达效果	25		
	合计	100		

【任务拓展】抖音案例

任务二 触达与拉新平台用户

任务情境

随着消费者的购买习惯逐步从线下向线上转移，很多企业都相继引入新媒体营销方式，开展社交电商运营。唐韵温泉度假村，从2015年开始就积极利用各种社交电商平台来进行品牌和产品宣传，目前已经有一定的平台用户基数。

1. 现状分析

（1）抖音。唐韵温泉度假村，在抖音都有自己的抖音账号——唐韵温泉。截至2021年4月，已经发布视频数量3个，获得144个点赞，拥有75个粉丝。唐韵温泉抖音账号如图4-21所示。

图 4-21 唐韵温泉抖音账号

（2）小程序。在 2019 年，开发了自身的武义唐韵温泉微信小程序。截至 2021 年，只有不足 100 人使用过该小程序。唐韵温泉微信小程序如图 4-22 所示。

图 4-22 唐韵温泉微信小程序

（3）微博。唐韵温泉度假村，在微博上开通自己的微博账号——武义唐韵温泉。截至 2021 年 3 月，获得 981 个点赞，6740 个热议，但仅有 716 条微博数量。唐韵温泉微博账号如图 4-23 所示。

（4）知乎。知乎中有关于唐韵温泉的帖子，但是关注度比较低，也没有太多的互动。唐韵温泉知乎平台账号如图 4-24 所示。

图 4-23　唐韵温泉微博账号

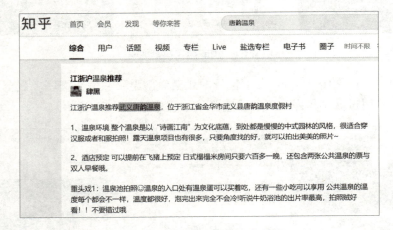

图 4-24　唐韵温泉知乎平台账号

2. 存在问题

（1）社交平台渠道缺乏。虽然目前唐韵温泉度假村确实发现了社交平台在运营推广中的重要性，但是实际在利用社交平台的时候，存在明显的渠道缺失问题，很多主流的电商社交平台，并没有进行有效的开发和利用，从而在一定程度上使客户缺少对平台、企业和产品的了解，造成目标人群的流失。

（2）社交平台利用效率低。社交电商就是通过社交化工具的应用及与社交化媒体、网络的合作，完成企业销售、推广和商品的最终销售。所以，在社交工具利用的过程中就要重视传播、分享，让更多的潜在客户能够看到产品。

从目前的使用来看，虽然唐韵温泉度假村已经利用了一些主流社交平台，但是在实际运行中没有有效使用。如抖音平台，仅仅发布 3 条视频，内容简单重复，定位不直观，很难起到有效吸引的作用。结果就不能提高用户关注账号的概率，影响力也会受到影响。

3. 破局之法

增加对主流社交电商平台的使用，提高主流社交电商平台的有效利用率，通过各平台的使用，更高效地触达用户。

（1）利用私域平台完成用户触达。建议企业能够运用社交账号唤醒私域，通过群组内互动、私信、公开发文等方式触达用户。

（2）利用问答类平台完成用户触达。建议企业能够运用问答类平台，通过问题提问、问题解答、跟帖植入等方式触达用户。

（3）利用音视频类平台完成用户触达。建议企业能够运用主流音视频类平台，通过音视频内容分享、评论、私信植入等方式触达用户。

（4）利用生活方式类平台完成用户触达。建议企业能够运用生活方式类平台，通过生活类软文分享植入等方式触达用户。

■ 子任务一　触达私域平台用户

一、任务准备

（一）知识准备

知识点一：微信营销

目前，微信已不仅是一款应用软件，其具有信息到达率高、信息曝光量高、用户接受率高、营销精准、信息获取方便、营销推广成本低等优势，成为当下很多企业都愿意使用的一种社交平台，它渗入人们生活和工作的方方面面，在社交电商运营中的地位和作用越来越突出。微信营销分为个人号和公众号。微信个人号可以通过朋友圈、扫一扫、摇一摇、附近的人4个部分展开营销。微信公众号营销是广受个人及企业欢迎的营销方式。其中，微信公众号文章是最常用的营销方法。公众号文章的写作主要包括标题的写作和正文写作两部分。

微信营销

知识点二：微博营销

微博营销是指企业以微博作为营销平台，利用更新自己微博内容、联合其他微博账号跟用户的互动或发布用户感兴趣的话题，让用户主动关注并传播企业的产品信息，从而达到树立良好企业形象的目的。微博的营销价值包括以下5个方面：品牌推广、用户维护、市场调查、危机公关、闭环电商。

微博营销

（二）操作准备

1. 分析微信平台

选择平台的目的是通过平台中某些功能的使用，能够将产品推送给目标用户，所以运营者在正式确认使用微信平台作为运营推广平台之前，必须提前了解微信平台的基本功能，以及如何有效利用这些功能实现高效精准推送的目的。

以唐韵温泉为例，产品的价格不同就会定位到不同的人群，为避免在朋友圈中出现刷屏的现象，就可以根据人群特点建立群组，在群组内部进行符合人群的信息推送。

【随堂作业】 分析微信平台功能,以及如何使用。

2. 分析微博平台

要想到达精准推广的目的,必须提前了解微博平台的基本功能,以及如何有效地利用这些功能。以唐韵温泉为例,可以借助与自身产品相关话题,通过评论、回复等方式推荐产品,增强客户对产品的熟悉度。

【随堂作业】 分析微博平台功能,以及如何使用。

(三)任务要领

1. 微信营销的技巧

(1)微信个人朋友圈的营销技巧。

(2)微信公众号文章的营销技巧。

2. 微博营销的技巧

(1)合理设计微博发布时间。

(2)注意转发和原创比例。

(3)合作互推。

(4)形成微博矩阵。

3. 微博营销的流程

(1)内容策划。

(2)撰写微博。

(3)活动策划。

(四)任务流程

子任务一触达私域平台用户操作流程如图 4-25 所示。

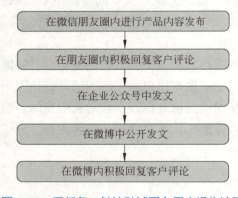

图 4-25 子任务一触达私域平台用户操作流程

二、任务操作

操作要求:完成唐韵温泉的私域流量推广,根据不同流量平台特点,选择合适的推广方式,达到吸引客户的目的。

步骤一：在微信朋友圈内进行产品内容发布

企业运营人员可以通过添加好友等各种基本功能，增加并即时联系好友，在有一定人群基础的朋友圈内发布身边趣事、个人感悟或企业产品信息。

操作提示：

（1）可以采用转发、点赞或体验形式。

（2）能够将产品的营销信息融入生活。

（3）可以借用热点，分组在朋友圈发布营销内容。

【内容发布】

标题1：_____

内容分布：_____

_____

_____

标题2：_____

内容分布：_____

_____

_____

标题3：_____

内容分布：_____

_____

_____

步骤二：在朋友圈内积极回复客户评论

在朋友圈内发布的信息，积极与客户之间展开互动。

操作提示：

（1）回复及时。

（2）回复内容真实、有趣，不能随意编造。

（3）回复内容与产品相关，能起到一定的引导作用。

【信息回复】

回复内容1：_____

_____

_____

回复内容2：_____

_____

_____

回复内容3：_____

_____

_____

回复内容4：_____

步骤三：在企业公众号中发文

企业可以建立自己的公众号，在自己的公众号内发布与产品相关的信息。

操作提示：

（1）结合标题的多种类型和写作技巧编辑公众号文章标题。

（2）选择合适的正文写作方法，展示产品信息。

【内容发布】

标题1：_____

内容发布：_____

_____

_____

标题2：_____

内容发布：_____

_____

_____

标题3：_____

内容发布：_____

_____

_____

步骤四：在微博中公开发文

企业可以在建立微博账号中，通过各种途径发布与产品相关的信息，并及时与客户进行互动沟通。

操作提示：

（1）可以借助热门话题。

（2）创建新话题，要求发布的话题与企业、产品相关。

（3）注意内容的原创性。

【内容发布】

标题1：_____

内容发布：_____

_____

_____

标题2：_____

内容发布：_____

_____

_____

标题3：_____

内容发布：_____

_____

标题 4: _____
内容发布: _____
_____
_____

步骤五：在微博内积极回复客户评论

借助在微博内发布的信息，积极与客户之间展开互动。

操作提示：

（1）回复及时。

（2）回复内容真实、有趣，不能随意编造。

（3）回复内容与产品相关，能起到一定的引导作用。

【信息回复】

回复内容 1：_____
_____
_____

回复内容 2：_____
_____
_____

回复内容 3：_____
_____
_____

回复内容 4：_____
_____
_____

三、任务评价

子任务一触达私域平台用户评价如表 4-6 所示。

表 4-6 子任务一触达私域平台用户评价

编号	任 务 名 称	分 值	正确率 /%	得 分
1	在微信朋友圈内进行产品内容发布	20		
2	在朋友圈内积极回复客户评论	20		
3	在企业公众号中发文	20		
4	在微博中公开发文	20		
5	在微博内积极回复客户评论	20		
	合　　计	100		

子任务二　触达问答类平台用户

一、任务准备

（一）知识准备

知识点一：问答式网络社区（ASK）

ASK 网络社区在网络营销中的作用主要体现在两方面：①ASK 网络社区庞大的用户群体互动交流，通过解答用户提出的实际问题而形成信任和口碑效应，因而对于网络品牌和网络推广具有一定效果。②利用第三方 ASK 平台良好的搜索引擎友好性，提高企业信息网络可见度。ASK 网络社区营销的要点为从专业的角度选择问题及提供解决方法、做 ASK 社区有价值的活跃用户、扩大 ASK 社区信息的传播范围。

问答式网络社区（ASK）

知识点二：知乎网站

知乎是 2011 年成立于北京的中文网络问答社区，早期采用邀请制注册方式，用户少而精，自 2013 年开放注册以来，用户量爆炸性增长，海量用户的涌入，使社区内容不断丰富，知乎也因此成为中文互联网上最大的深度内容聚集地，社区属性从单一的问答社区逐渐演变为搜索引擎、大众点评、新闻社区、导购网站、情感论坛、第一人称文学网、在线教育平台的综合体。因此，知乎的特点是互动性强、针对性强。

知乎网站

（二）操作准备

1. 分析问答类平台特点

目前，主流的互联网知识问答类平台有百度知道、天涯问答、知乎、简书等为代表的各种形式，需要了解这些不同平台的具体定位，才能选择对企业营销推广更加有效的方式。

【随堂作业】了解主流问答平台的优点、缺点。

问答平台特点如表 4-7 所示。

表 4-7　问答平台特点

问答平台	优　点	缺　点	特　点
简书			
知乎			
百度知道			
天涯问答			

2. 分析知乎平台

知乎平台的使用是为了能够将企业的品牌、产品信息等更高效、便捷地传递给潜在客户，实现高效精准推送的目的。以唐韵温泉为例，使用知乎平台作为推广渠道的时候，一定要注重互动,可以借助于自身企业定位、产品相关的热点追加自身的评论,让本身就对这类问题有一定需求度的潜在客户认识到企业、了解企业产品,提高对产品的兴趣。

【随堂作业】 分析知乎平台功能,以及如何使用。

(三)任务要领

(1)选择合适的营销平台。现在主流的自媒体平台,因为其定位不同,吸引的用户也不一样,如简书吸引的用户是以文艺青年比较多。在选择平台作为营销推广渠道的时候,一定要确认平台、内容等与企业自身的定位是相吻合的。

(2)明确营销准则和误区。不同平台会有不同的营销准则,所以企业在选择平台的时候,要提前了解平台的营销准则和误区,避免在实际推广使用中被封号。如在撰写文章时,要在事实依据的基础上进行优质内容的输出,通过正能量来吸引粉丝,切忌发布低俗、暴力、敏感性话题,恶意攻击或影射他人更是非常不可取的。

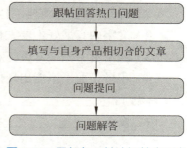

图 4-26 子任务二触达问答类平台用户操作流程

(四)任务流程

子任务二触达问答类平台用户操作流程如图 4-26 所示。

二、任务操作

操作要求:注册知乎账号,通过提出问题、解答问题、跟帖等方式,提高知乎用户对唐韵温泉及产品的认知,增强对客户的吸引力,提升客户购买的欲望。

步骤一:跟帖回答热门问题

热门问题都是用户关注度比较高的问题,所以可以选择与自身产品切合的热门问题,进行回帖,植入与企业、产品相关的信息。

操作提示:

(1)选择流量大,排名靠前的热门话题进行回答。

(2)文字内容最好不要太长,尽量控制在 500 字以内。

(3)纯干货,图文并茂,观点清晰。

(4)积极正面,不能出现低俗、暴力、敏感性字眼。

跟帖回复 1:_____

表述内容:_____

_____

_____

跟帖回复 2:_____

表述内容:_____

_____

_____

跟帖回复3：_____
表述内容：_____
_____
_____

步骤二：撰写与自身产品相切合的文章

相对问答而言，原创文章的优点是审核比较宽松，被删风险小，缺点是流量相对较小。有文章发布功能，就可以利用软文去进行引流。

操作提示：

（1）标题关键词要有吸引力。
（2）文字内容最好不要太长。
（3）纯干货，图文并茂，观点清晰。
（4）积极正面，不能出现低俗、暴力、敏感性字眼。

标题1：_____
内容发布：_____
_____
_____

标题2：_____
内容发布：_____
_____
_____

标题3：_____
内容发布：_____
_____
_____

步骤三：问题提问

通过自行提问的方式，准确描述与自身企业和产品相关的内容，吸引用户进行回复，引导客户关注自身产品。

操作提示：

（1）提问内容要与产品相关。
（2）语言简洁，积极正面，不能出现低俗、暴力、敏感性字眼。

问题1：_____
_____
_____

问题2：_____
_____
_____

步骤四：问题解答

积极与其他客户互动，回答客户提出的问题，增加客户对企业产品的信任感。

操作提示：

（1）回复及时、准确，有引导性。
（2）语言简洁，积极正面，不能出现低俗、暴力、敏感性字眼。

问题解答1：_____
_____
_____

问题解答2：_____
_____
_____

三、任务评价

子任务二触达问答类平台用户评价如表4-8所示。

表4-8　子任务二触达问答类平台用户评价

编号	任务名称	分值	正确率/%	得分
1	跟帖回答热门问题	25		
2	撰写与自身产品相切合的文章	25		
3	问题提问	25		
4	问题解答	25		
	合　计	100		

■ 子任务三　触达音视频类平台用户

一、任务准备

（一）知识准备

知识点一：短视频营销

短视频即短片视频，是一种互联网内容传播方式，一般是指在互联网新媒体上传播的时长在5分钟以内的视频。短视频营销就是企业或品牌利用短视频平台推广产品或品牌、树立品牌形象的一种营销方式。以碎片化、情感化和高代入感的特点，吸引了众多用户。优质的短视频应具备以下5个元素：价值趣味、清晰画质、优质标题、音乐节奏、多维胜出。

短视频营销

知识点二：抖音营销

抖音营销是指企业和品牌主借助抖音平台这种媒介形式，用以社会化营销的一种方式。抖音的强互动性和社交性可以赋能品牌，实现品牌与用户深度沟通，其潜在的商业价值不容忽视。

抖音营销

（二）操作准备

1. 分析短视频平台

随着网红经济的出现，视频行业逐渐崛起，微博、秒拍、快手、今日头条纷纷入局短视频行业,越来越多的企业开始重视短视频营销的作用,为更加准确有效地将短视频内容推送给更多的目标用户,作为企业运营者,就必须对各种短视频平台进行了解,确认其具体定位。

【随堂作业】 分析短视频平台特点。

短视频平台特点如表4-9所示。

表 4-9　短视频平台特点

短视频平台	优　点	缺　点	特　点
快手			
抖音			
秒拍			
……			

2. 分析抖音平台

抖音平台作为目前主要的短视频平台之一,很多企业都将其作为社交推广的手段之一,以唐韵温泉为例,已注册抖音账号,在该账号会推送与企业、产品相关的短视频,以吸引更多用户关注。企业运营者要了解抖音目前具有哪些功能,以及如何高效利用这些功能。

【随堂作业】 了解抖音目前具有的功能,以及如何高效利用这些功能。

(三)任务要领

抖音营销的技巧:抖音是希望通过简短的视频,直观地呈现营销信息,让其主题更加明确,针对性更强。所以,营销推广过程中,必须遵循以下几个规则。

(1)做好内容定位。

(2)做好文案。

(3)注意互动体验感。

(4)选择发布时间。

(四)任务流程

子任务三触达音视频类平台用户操作流程如图4-27所示。

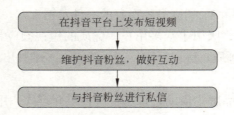

图 4-27　子任务三触达音视频类平台用户操作流程

二、任务操作

操作要求:在唐韵温泉抖音账号中发布产品视频,并完成与粉丝之间的互动,尤其要注意私信粉丝。

步骤一：在抖音平台上发布短视频

结合产品特点，选择切合度高的热点，在平台中上传短视频营销内容。

操作提示：

（1）结合产品特点，选定有吸引力的标题。

（2）结合产品特点，不能盲目进行视频推广。

（3）做好文案设计，内容和形式要进行创新。

（4）选择合适的背景音乐。

【短视频标题】

标题1：＿＿＿＿＿＿＿＿＿＿＿＿＿＿＿＿＿＿＿＿＿＿＿＿＿＿＿＿＿＿＿＿＿

标题2：＿＿＿＿＿＿＿＿＿＿＿＿＿＿＿＿＿＿＿＿＿＿＿＿＿＿＿＿＿＿＿＿＿

【短视频文案】

发布文案1：＿＿＿＿＿＿＿＿＿＿＿＿＿＿＿＿＿＿＿＿＿＿＿＿＿＿＿＿＿＿

＿＿＿＿＿＿＿＿＿＿＿＿＿＿＿＿＿＿＿＿＿＿＿＿＿＿＿＿＿＿＿＿＿＿＿＿＿

发布文案2：＿＿＿＿＿＿＿＿＿＿＿＿＿＿＿＿＿＿＿＿＿＿＿＿＿＿＿＿＿＿

＿＿＿＿＿＿＿＿＿＿＿＿＿＿＿＿＿＿＿＿＿＿＿＿＿＿＿＿＿＿＿＿＿＿＿＿＿

发布文案3：＿＿＿＿＿＿＿＿＿＿＿＿＿＿＿＿＿＿＿＿＿＿＿＿＿＿＿＿＿＿

＿＿＿＿＿＿＿＿＿＿＿＿＿＿＿＿＿＿＿＿＿＿＿＿＿＿＿＿＿＿＿＿＿＿＿＿＿

【短视频背景音乐】

音乐1：＿＿＿＿＿＿＿＿＿＿＿＿＿＿＿＿＿＿＿＿＿＿＿＿＿＿＿＿＿＿＿＿

理由：＿＿＿＿＿＿＿＿＿＿＿＿＿＿＿＿＿＿＿＿＿＿＿＿＿＿＿＿＿＿＿＿＿

＿＿＿＿＿＿＿＿＿＿＿＿＿＿＿＿＿＿＿＿＿＿＿＿＿＿＿＿＿＿＿＿＿＿＿＿＿

音乐2：＿＿＿＿＿＿＿＿＿＿＿＿＿＿＿＿＿＿＿＿＿＿＿＿＿＿＿＿＿＿＿＿

理由：＿＿＿＿＿＿＿＿＿＿＿＿＿＿＿＿＿＿＿＿＿＿＿＿＿＿＿＿＿＿＿＿＿

＿＿＿＿＿＿＿＿＿＿＿＿＿＿＿＿＿＿＿＿＿＿＿＿＿＿＿＿＿＿＿＿＿＿＿＿＿

步骤二：维护抖音粉丝，做好互动

在抖音作品发布后，企业营销人员必须要做的一件事情就是维护粉丝，做好自己与粉丝、粉丝与粉丝之间的互动。

操作提示：

（1）要求回复及时。

（2）要求回复内容真实、有趣，不能随意编造。

（3）注意引导，不能让粉丝的内容出现偏题。

【粉丝互动】

互动文案1：＿＿＿＿＿＿＿＿＿＿＿＿＿＿＿＿＿＿＿＿＿＿＿＿＿＿＿＿＿

＿＿＿＿＿＿＿＿＿＿＿＿＿＿＿＿＿＿＿＿＿＿＿＿＿＿＿＿＿＿＿＿＿＿＿

互动文案2：＿＿＿＿＿＿＿＿＿＿＿＿＿＿＿＿＿＿＿＿＿＿＿＿＿＿＿＿＿

＿＿＿＿＿＿＿＿＿＿＿＿＿＿＿＿＿＿＿＿＿＿＿＿＿＿＿＿＿＿＿＿＿＿＿

步骤三：与抖音粉丝进行私信

在抖音作品发布后，企业营销人员要对私信粉丝进行及时回复。

操作提示：

（1）要求回复及时。

（2）要求回复内容真实、有趣，不能随意编造。

【私信互动】

私信文案1：＿＿＿＿＿＿＿＿＿＿＿＿＿＿＿＿＿＿＿＿＿＿＿＿＿＿＿＿＿

＿＿＿＿＿＿＿＿＿＿＿＿＿＿＿＿＿＿＿＿＿＿＿＿＿＿＿＿＿＿＿＿＿＿＿

私信文案2：＿＿＿＿＿＿＿＿＿＿＿＿＿＿＿＿＿＿＿＿＿＿＿＿＿＿＿＿＿

＿＿＿＿＿＿＿＿＿＿＿＿＿＿＿＿＿＿＿＿＿＿＿＿＿＿＿＿＿＿＿＿＿＿＿

三、任务评价

子任务三触达音视频类平台用户评价如表 4-10 所示。

表 4-10　子任务三触达音视频类平台用户评价

编号	任务名称	分值	正确率/%	得分
1	在抖音平台上发布短视频	30		
2	维护抖音粉丝，做好互动	30		
3	与抖音粉丝进行私信	40		
	合　　计	100		

■ 子任务四　触达生活方式类平台用户

一、任务准备

（一）知识准备

知识点一：新媒体生活方式平台

生活方式营销已经成为企业重要营销推广方式之一，包括两方面的营销价值：打造个人品牌和售卖电商产品。网络达人依靠自媒体渠道不断提高个人影响力，再通过不断的内容输出打造具有鲜明标志的个人品牌，积累庞大的"粉丝"群体。也有很多自媒体人通过自媒体平台营销积累人气后选择创建网上店铺，走上电子商务运营的道路，最终实现自媒体营销变现。

知识点二：小红书

随着互联网时代的不断发展，小红书平台越来越发展壮大，很多企业及商家都加入小红书平台做推广引流。过去几年，包括完美日记、钟薛高、小仙炖、谷雨、Maia Active 等在内的新品牌在小红书上成长起来，回力、百雀羚、大白兔、李宁等老品牌通过小红书被更多年轻人喜爱，成为新消费品牌的代表，小红书也成为助力新消费、赋能新品牌的重要阵地。

小红书

（二）操作准备

1. 分析生活方式平台

人都是具有分享欲望的群体，而各种生活方式类平台就给人们的分享提供了一个机会，在这类平台中，人们可以通过分享经验、技巧来吸引粉丝关注，形成个人影响力后，就可以在某些领域中具有一定的权威地位。以唐韵温泉为例，企业可以注册生活平台账号，利用自身在行业中的优势，分享与自身产品有关的信息，吸引粉丝关注，营销自身的产品。当然，作为企业运营者，就必须对各种生活方式类平台进行了解，确认其具体定位，根据不同平台特点选择合适的方式，起到预期推广目的。

【随堂作业】 分析生活方式类平台特点。

生活方式类平台特点如表 4-11 所示。

表 4-11　生活方式类平台特点

生活方式类平台	优　点	缺　点	特　点
小红书			

2. 分析小红书平台

小红书平台作为目前主要的生活方式类平台之一，很多企业都将其作为社交推广的手段之一。在小红书平台中，企业可以借助流量不断提高个人影响力，打造个人魅力，不断聚集粉丝后，进行电商产品推广，就会有很强的精准效果。

以唐韵温泉为例，企业可以注册小红书账号，在该账号推送与企业、产品相关的信息，以吸引粉丝，带动更多用户关注。企业运营者要了解小红书目前具有哪些功能，以及如何高效利用这些功能。

【随堂作业】 了解小红书目前具有的功能，以及如何高效利用这些功能。

小红书营销技巧

（三）任务要领

小红书营销技巧：小红书作为一个社交电商平台，里面的所有内容均来自用户分享。

UGC（用户生成内容）的社区形式，注定用户所提供的实时购物信息、好物使用心得越优质，越容易曝光。

（四）任务流程

子任务四触达生活方式类平台用户操作流程如图 4-28 所示。

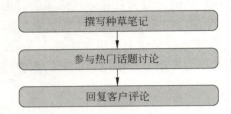

图 4-28　子任务四触达生活方式类平台用户操作流程

二、任务操作

操作要求：结合唐韵温泉自身地位和产品特点，完成生活分享类平台小红书的种草。

步骤一：撰写种草笔记

注册小红书账号成功后，就要在小红书平台种草，要获得用户，触达用户需求，持续发布跟企业产品相关的分享内容。

（1）选择一张照片，撰写标题，编写正文。

（2）选择参与话题，让更多有相同爱好的人加入讨论。

（3）点击发布。

操作提示：

（1）结合企业、产品选择能具有代表性的照片。

（2）标题要包含与企业、产品相关的关键词，并且不能过多，保持在20个字符之内。

（3）选择与企业、产品相合适的话题背景，这样能够接近更多目标客户。

（4）正文内容切合企业、产品背景，吸引用户关注、评论、点赞、转发等。

【小红书标题】

标题1：_____

标题2：_____

【撰写笔记】

笔记文案1：_____

_____

_____

笔记文案 2：_____
_____
_____

步骤二：参与热门话题讨论

可以自行选择参与与企业、产品相合适的话题背景，这样能够接近更多目标客户。

操作提示：

（1）结合企业、产品选择。

（2）标题要包含与企业、产品相关的关键词，并且不能过多，保持在 20 个字符之内。

（3）选择与企业、产品相适合的话题背景，这样能够接近更多目标客户。

（4）正文内容切合企业、产品背景，吸引用户关注、评论、点赞、转发等。

【热门话题讨论】

互动文案 1：_____
_____
_____

互动文案 2：_____
_____
_____

互动文案 3：_____
_____
_____

步骤三：回复客户评论

积极与其他用户进行互动，回答客户提出的问题，增加客户对企业产品的信任感。

操作提示：

（1）回复及时、准确，有引导性。

（2）语言简洁，积极正面，不能出现低俗、暴力、敏感性字眼。

【回复评论】

评论文案 1：_____
_____
_____

评论文案 2：_____
_____
_____

三、任务评价

子任务四触达生活方式类平台用户评价如表 4-12 所示。

表 4-12　子任务四触达生活方式类平台用户评价

编号	任 务 名 称	分　值	正确率 /%	得　分
1	撰写种草笔记	30		
2	参与热门话题讨论	30		
3	回复客户评论	40		
	合　　计	100		

【任务拓展】完美日记案例

任务三　社交用户分类与建群

任务情境

唐韵温泉是一个经营 20 余年的老品牌，分为不同经营场景，如温泉景区、主题酒店、疗养院等，可以满足不同用户需求，口碑良好，每年有 10 万左右人员入住，用户基数庞大；也在不断通过各种主流社交电商平台，如抖音、微博等，结合平台特点，利用平台功能，进行企业、产品推广活动，触达新老客户。

1. 现状分析

（1）现有用户情况分析。唐韵温泉是一个经营 20 余年的老品牌，每年有 10 万左右人员入住，用户基数庞大。从企业后台数据中可以看出，会员数量不断增加，用户数量增长速度较快。

唐韵温泉会员中心后台如图 4-29 所示。

唐韵温泉也在不断通过各种主流社交电商平台，如抖音、微博等，进行产品推广活动，拉新新的客户，从系统看，用户数量不断增加。

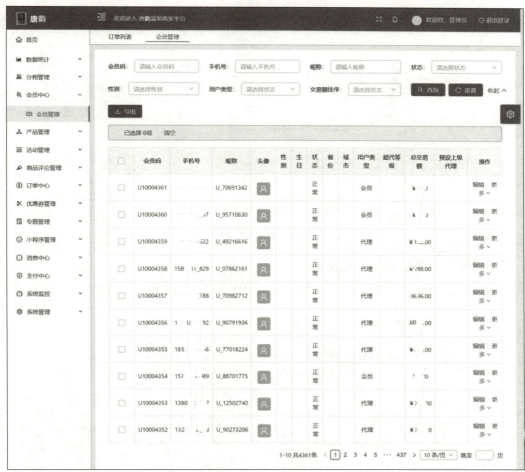

图 4-29　唐韵温泉会员中心后台

小程序访问统计如图 4-30 所示。

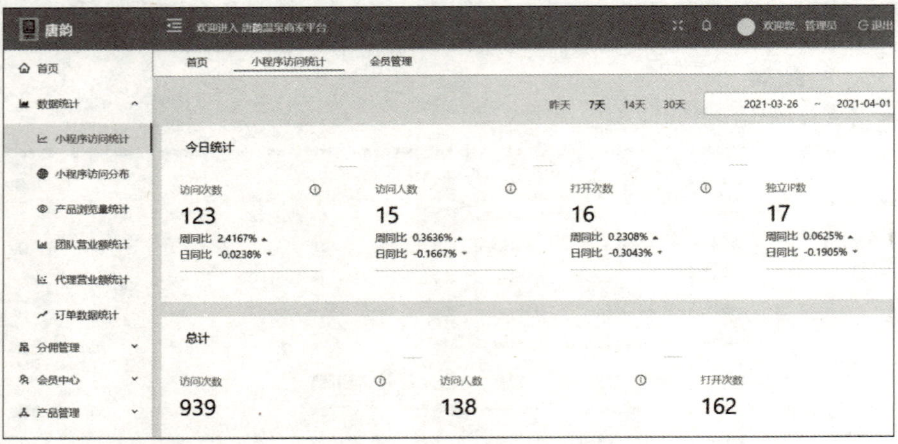

图 4-30　小程序访问统计

小程序访问次数统计如图 4-31 所示。

图 4-31　小程序访问次数统计

近日新老客户数据如图 4-32 所示。

新老用户

用户数　详细数据

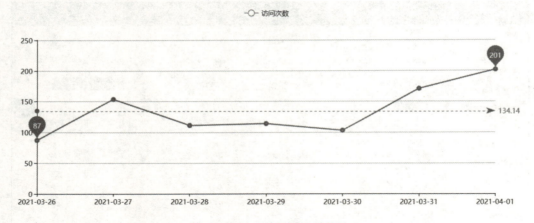

日期	新用户数	新用户占比	老用户数	老用户占比
2021-03-30	13	72.22%	5	27.78%
2021-03-29	16	76.19%	5	23.81%
2021-03-28	15	83.33%	3	16.67%
2021-03-27	21	91.30%	2	8.70%
2021-03-26	12	70.59%	5	29.41%

图 4-32　近日新老客户数据

（2）现有社交电商平台使用情况分析。唐韵温泉在社交电商平台方面一直在做积极的尝试，利用各种线上平台，如抖音进行企业、产品推广。

抖音平台推广效果如图 4-33 所示。

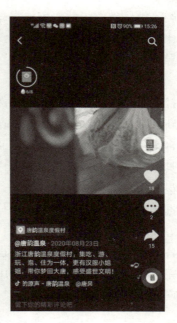

图 4-33　抖音平台推广效果

从目前使用情况来看，虽然唐韵温泉已经在抖音中注册企业账号，但是整体使用评论和使用效果不好，目前仅发布 3 个视频，只有 11 个粉丝，3 个关注。

关联账号推广效果如图 4-34 所示。

图 4-34　关联账号推广效果

虽然在诸如武义文旅这样的账号中有关联推荐，但是整体最高点赞数只有5420，评论数只有90条，分享只有250条。从总体上来说，人群的关注度、触达率不是很高。

2. 存在问题

（1）用户分类不够细致。虽然唐韵温泉总体上，客户数量在不断增长，但是，绝大多数的用户信息，比较分散，没有进行整合，没有对用户进行细致标签的确定，对新用户的分类不够细致，导致在后续实际推广中，缺乏针对性，很难全面、细致地满足客户的实际需求。

（2）对主流社交平台的运用不到位。虽然唐韵温泉总体上在不断拓展新的社交电商渠道，尝试不断拉新，增加用户基数。但是，在对各个平台的使用过程中，对平台的运用不到位，如微信平台，虽然通过微信平台发送朋友圈内容，但是推送的内容缺乏针对性，可能没有根据用户具体的特点选择推送满足用户实际需求的产品，从而使得用户缺乏对产品的认可度，致使很多用户流失。

（3）没有根据用户不同需求点对用户进行分类管理。在移动互联网时代，用户的需求贯穿生活中的方方面面，包括但不限于生活、学习、旅游等，而不同的个体在某一个特定时期内需求点也各不相同，所以，如果对于自己的用户不加以区分，统一进行运营推广活动实施，就很难完全切合用户的需求，导致用户对企业推送的内容缺乏归属感。目前唐韵温泉并没有对用户进行明确分类。

3. 破局之法

在互联网时代，企业获得用户的渠道越来越多，能够获得用户的信息也越来越丰富，但是每个用户个体具备不同的特征，如果不将用户的资料进行汇总分类，那么即使拉新获得大量用户，也可能在后续的推广过程中，让用户流失掉。所以，希望企业可以做到以下几点。

（1）对用户进行分类。将各种渠道获得的用户资料汇总后，根据用户的标签属性进行用户分类。

（2）对分类用户标签和需求进行进一步细化。能够对各类用户进行细分，并增加标签内容及用户需求。

（3）根据新用户特点进行分类建群。能够根据标签属性，对新用户进行分类建群，以便在未来推送产品中具有更强的针对性。

■ 子任务一　用户分类

一、任务准备

（一）知识准备

知识点一：用户分类

用户分类是指将用户分为不同类型，并根据不同用户提供差异化的内容和服务。对运营者来说，其意义在于一方面扩展更多红利渠道、进行圈层精准引流；另一方面，精细化运营，为核心流量建护城河，用最小的成

用户分类

本使用户价值最大化，改变原来运营的全面覆盖战略。用户分类作为精准化的重要手段，为用户和业务带来的价值也是显而易见的。

知识点二：用户标签

用户标签是个人或企业的属性，是可以重复的。标签越多，对别人的了解就越全面；在推进精细化工作中，可以为用户贴上各种标签，甚至可以通过标签来快速搜索到目标用户，当用户被打上的标签越来越丰富、越来越精准，也就越贴合其本身，勾勒出一个个立体的形象。

用户画像

知识点三：用户画像

用户画像是勾画目标用户、联系用户诉求与设计方向的有效工具，利用用户的基本属性、访问特征、交易特征、社交特征及风险特征等组合的信息形成一系列的用户标签组合。它为企业提供了足够的信息基础，能够帮助企业快速找到精准用户群体以及用户需求等更为广泛的反馈信息。它的核心工作是为用户打标签。

（二）操作准备

1. 用户资料收集

要想设置用户的标签属性，就必须提前收集用户的资料，全面了解与用户相关的信息，例如，唐韵温泉在新用户下订单选购产品时，就可以收集客户的手机号、姓名等基本信息，通过这些信息可以大致判断出用户所在的地域，作为后续标签属性的一个依据。

【随堂作业】 通过不同渠道进行用户资料收集。

2. 分析用户标签属性

在社交电商时代，对运营者来说，用户就是一个个标签的组合，用户的标签越多，对用户的了解就会越细致，在后期的运营推送过程中，就越能精准推送用户需求的产品。但是标签的设置也不是随意的，在进行标签设置之前，必须对标签属性进行确认。例如，唐韵温泉针对不同层级的产品，实际满足的客户需求点也各不相同，可以对用户设置不同属性，根据这些属性设置标签，做到精细化营销推广。

用户标签属性如图 4-35 所示。

【随堂作业】 从不同维度设计新用户的标签属性。

（三）任务要领

1. 运营的用户分类方式及运营技巧

（1）用户运营分类。

（2）运营技巧。

2. 如何构建用户画像

用户标签体系如图 4-36 所示。

一般来说，构建用户画像，可以 3 步走：样本筛选→信息收集→构建画像。

（四）任务流程

子任务一用户分类操作流程如图 4-37 所示。

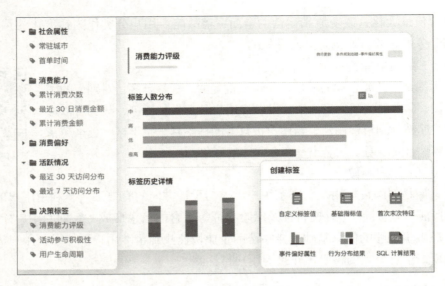

图 4-35　用户标签属性

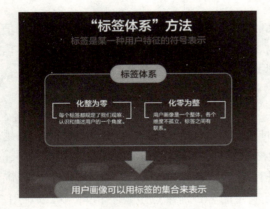

图 4-36　用户标签体系

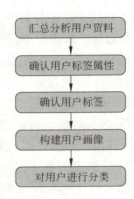

图 4-37　子任务一用户分类操作流程

二、任务操作

操作要求：根据汇总的用户资料，确认用户的标签属性，方便对用户进行分类。

步骤一：汇总分析用户资料

每一个用户都可以通过各种不同途径获得与其相关的各种信息，如手机号、订单数量等，但是这些资料最开始是杂乱无章的，对于后续的分类可能缺乏一个统一的标准，所以就必须要对获得的用户各种资料进行汇总，将相同信息合并分析。

操作提示：用户资料的收集应尽可能全面、详细。

【人口统计学特征】

年　龄：_____　　　性　别：_____　　　家庭状况：_____

教　育：_____　　　收　入：_____　　　职　业：_____

其他特征：_____

【动机、目标和任务】
动机1：＿＿＿＿＿＿＿＿＿ 动机2：＿＿＿＿＿＿＿＿＿ 动机3：＿＿＿＿＿＿＿＿＿
目标1：＿＿＿＿＿＿＿＿＿ 目标2：＿＿＿＿＿＿＿＿＿ 目标3：＿＿＿＿＿＿＿＿＿
任务1：＿＿＿＿＿＿＿＿＿ 任务2：＿＿＿＿＿＿＿＿＿ 任务3：＿＿＿＿＿＿＿＿＿
【文化及生活方式】
文化背景：＿＿＿＿＿＿＿＿＿＿ 宗教信仰：＿＿＿＿＿＿＿＿＿＿
其他方面：＿＿＿＿＿＿＿＿＿＿＿＿＿＿＿＿＿＿＿＿＿＿＿＿＿＿＿＿＿＿＿＿＿
【地理环境】
所在城市：＿＿＿＿＿＿＿＿＿＿
其他方面：＿＿＿＿＿＿＿＿＿＿＿＿＿＿＿＿＿＿＿＿＿＿＿＿＿＿＿＿＿＿＿＿＿
【其他资料】
＿＿＿＿＿＿＿＿＿＿＿＿＿＿＿＿＿＿＿＿＿＿＿＿＿＿＿＿＿＿＿＿＿＿＿＿＿＿＿

步骤二：确认用户标签属性

结合汇总的用户信息，对信息进行聚类，确认用户的标签属性，如可以设置静态属性标签和动态属性标签。

【静态属性设置】
属性1：＿＿＿＿＿＿＿＿＿ 属性2：＿＿＿＿＿＿＿＿＿ 属性3：＿＿＿＿＿＿＿＿＿
属性4：＿＿＿＿＿＿＿＿＿ 属性5：＿＿＿＿＿＿＿＿＿ 属性6：＿＿＿＿＿＿＿＿＿
【动态属性设置】
属性1：＿＿＿＿＿＿＿＿＿ 属性2：＿＿＿＿＿＿＿＿＿ 属性3：＿＿＿＿＿＿＿＿＿
属性4：＿＿＿＿＿＿＿＿＿ 属性5：＿＿＿＿＿＿＿＿＿ 属性6：＿＿＿＿＿＿＿＿＿

步骤三：确认用户标签

将用户信息进行数据转化，进行统计分析，对信息进行汇总，提炼关键要素，设置用户标签。

操作提示：用户标签确认要精准。

【人口属性标签】
标签1：＿＿＿＿＿＿＿＿＿ 标签2：＿＿＿＿＿＿＿＿＿ 标签3：＿＿＿＿＿＿＿＿＿
标签4：＿＿＿＿＿＿＿＿＿ 标签5：＿＿＿＿＿＿＿＿＿ 标签6：＿＿＿＿＿＿＿＿＿
【行业偏好标签】
标签1：＿＿＿＿＿＿＿＿＿ 标签2：＿＿＿＿＿＿＿＿＿ 标签3：＿＿＿＿＿＿＿＿＿
标签4：＿＿＿＿＿＿＿＿＿ 标签5：＿＿＿＿＿＿＿＿＿ 标签6：＿＿＿＿＿＿＿＿＿
【购物偏好标签】
标签1：＿＿＿＿＿＿＿＿＿ 标签2：＿＿＿＿＿＿＿＿＿ 标签3：＿＿＿＿＿＿＿＿＿
标签4：＿＿＿＿＿＿＿＿＿ 标签5：＿＿＿＿＿＿＿＿＿ 标签6：＿＿＿＿＿＿＿＿＿
【其他标签】
标签1：＿＿＿＿＿＿＿＿＿ 标签2：＿＿＿＿＿＿＿＿＿ 标签3：＿＿＿＿＿＿＿＿＿
标签4：＿＿＿＿＿＿＿＿＿ 标签5：＿＿＿＿＿＿＿＿＿ 标签6：＿＿＿＿＿＿＿＿＿

步骤四：构建用户画像

根据用户人群标签的设置，构建用户画像。

操作提示：

（1）将信息归纳并以图形的形式展示，图形可以是饼图、柱状图或折线图等；或将信息通过文字描述的方式进行展示。

（2）构建的用户画像完整，能够起到实际指导作用。

文字描述：_____
_____
_____

图形方式：_____
_____
_____

步骤五：对用户进行分类

根据对收集的用户资料汇总分析，设置用户标签属性，确认用户标签，对用户进行分类。

操作提示： 分类要合理、精准、有代表性。

分类 1：_____
_____
_____

分类 2：_____
_____
_____

分类 3：_____
_____
_____

分类 4：_____
_____
_____

三、任务评价

子任务一用户分类评价如表 4-13 所示。

表 4-13 子任务一用户分类评价

编号	任务名称	分值	正确率 /%	得分
1	汇总分析用户资料	20		
2	确认用户标签属性	20		
3	确认用户标签	20		
4	构建用户画像	20		
5	对用户进行分类	20		
	合计	100		

子任务二　细化用户标签和需求

一、任务准备

（一）知识准备

知识点一：用户细分

用户细分（user segmentation）是企业为了实现用户需求的异质性，并集中有限资源进行有效市场竞争的行为。通过分析用户的属性、行为、需求等，寻求客户之间的个性与共性特征，对客户进行划分与归类，从而形成不同的客户集合，通过指标的筛选，企业可以看到这些用户具体都有什么共性，并把具有共同特征的用户聚集在一起。其理论依据为用户需求的异质性、企业有限的资源和有效的市场竞争。

用户细分策略

知识点二：用户需求

用户需求是用户从自身角度出发，自以为的需求。企业要想完成精准营销的目的，就必须了解客户的需求点，将产品和需求相结合，才能达到最终想要的结果。

需求最大的特点是它是隐性的。

马斯洛需求层次理论与"黄金圈"法则

（二）操作准备

1. 分析用户行为

在社交电商时代，如果企业要最大化地实现可持续发展和长期利润，就要明智地关注正确的用户群体，对不同用户的行为进行分析，确认自己的目标群体。

【随堂作业】对不同用户的行为进行分析，确认自己的目标群体（新用户）。

2. 调研用户需求

用户需求具有一定的隐藏性，为了更好地掌握客户真实需求，就要对客户需求进行调研分析，才能保证精准推送。以唐韵温泉为例，可以通过设计一份调研问卷，了解用户的需求。

【随堂作业】调研用户需求，可以通过调研问卷等方式完成。

（三）任务要领

1. 用户细分的方法

用户细分的方法有很多，常见的包括以下几种。

（1）根据用户的外在属性分类。

（2）根据用户的内在属性分类。

（3）根据用户的消费行为分类（动态预测）。

2. 用户细分的流程

企业进行用户细分，通常经历以下几个流程。

（1）细分前的准备。

（2）确定细分的指标。

（3）用户信息采集。

（4）制定细分标准。

（5）细分用户描述。

3. 收集用户需求的方法

（1）行业调研分析报告。

（2）业内专家与资深专业人士访谈。

（3）定性研究——用户访谈。

（4）定量研究——用户问卷。

（5）日记分析法（慎用）。

（6）来自运营的数据。

（四）任务流程

子任务二细化用户标签和需求操作流程如图 4-38 所示。

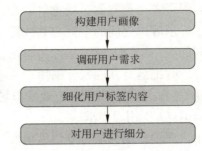

图 4-38　子任务二细化用户标签和需求操作流程

二、任务操作

操作要求：结合企业运营目标，对各类新用户进行细分，细化并增加标签内容及用户需求。

步骤一：构建用户画像

根据已经设置的用户标签，构建新用户画像。

操作提示：

（1）根据标签属性确定用户标签，要求准确、合理、有针对性。

（2）构建用户画像要精准，有代表性。

（3）将信息归纳并以图形的形式展示，图形可以是饼图、柱状图或折线图等；或将信息通过文字描述的方式进行展示。

文字描述：_____

_____

_____

图形方式：_____

_____

_____

步骤二：调研用户需求

根据调研，分析用户真实需求。

操作提示：

（1）进行用户调研，要全面、完整。

（2）根据调研结果，进行用户需求分析，要求用户真实、可靠、有实现价值。

用户需求1：_____
_____
_____

用户需求2：_____
_____
_____

用户需求3：_____
_____
_____

用户需求4：_____
_____
_____

用户需求5：_____
_____
_____

步骤三：细化用户标签内容

通过调研用户需求，掌握其真实需求后，对用户标签内容进行细化。

操作提示：

（1）细化要与用户需求相吻合。

（2）细化内容要准确、全面。

【人口属性标签】

标签1：_____　　标签2：_____　　标签3：_____
标签4：_____　　标签5：_____　　标签6：_____

【行业偏好标签】

标签1：_____　　标签2：_____　　标签3：_____
标签4：_____　　标签5：_____　　标签6：_____

【购物偏好标签】

标签1：_____　　标签2：_____　　标签3：_____
标签4：_____　　标签5：_____　　标签6：_____

【用户行为标签】

标签 1：_____　　标签 2：_____　　标签 3：_____

标签 4：_____　　标签 5：_____　　标签 6：_____

【其他标签】

标签 1：_____　　标签 2：_____　　标签 3：_____

标签 4：_____　　标签 5：_____　　标签 6：_____

步骤四：对用户进行细分

根据用户细化标签构建的用户画像，调研用户真实需求，结合企业产品特点对用户进行细分。

操作提示：对用户进行细分，要全面、完整、可靠、有实现价值。

【分类 1】

细分 1：_____　　细分 2：_____　　细分 3：_____

细分 4：_____　　细分 5：_____　　细分 6：_____

【分类 2】

细分 1：_____　　细分 2：_____　　细分 3：_____

细分 4：_____　　细分 5：_____　　细分 6：_____

【分类 3】

细分 1：_____　　细分 2：_____　　细分 3：_____

细分 4：_____　　细分 5：_____　　细分 6：_____

【分类 4】

细分 1：_____　　细分 2：_____　　细分 3：_____

细分 4：_____　　细分 5：_____　　细分 6：_____

三、任务评价

子任务二细化用户标签和需求评价见表 4-14。

表 4-14　子任务二细化用户标签和需求评价

编号	任务名称	分值	正确率/%	得分
1	构建用户画像	25		
2	调研用户需求	25		
3	细化用户标签内容	25		
4	对用户进行细分	25		
	合计	100		

子任务三　新用户分类建群

一、任务准备

（一）知识准备

知识点一：社群

社群简单来说是一个群，但是社群需有自己的表现形式，有社交关系链，不仅是拉一个群，而是基于一个点将大家聚合在一起，这样的群就是社群。社群的构成要素包括 5 个方面：同好（interest）、结构（structure）、输出（output）、运营（operate）、复制（copy）。其价值在于建立企业用户池、实施企业精准营销、刺激企业产品销售、宣传企业品牌形象。

社群类型

知识点二：社群营销

在"互联网+"时代，社群营销能成为目前众多企业喜爱的推广方式，逐渐成为企业和商家青睐的营销手段。社群营销具有以下优势：低成本高收益、让企业收益猛增、轻松实现良性口碑传播、传播更高效。

社群营销与传统营销的区别

（二）操作准备

1. 分析用户标签属性

在社群中，入群的新用户必然对群内的某些事物，有满足同好的价值取向，才能更容易实现营销效果。所以，在对新用户建立社群之前，必须对用户标签属性进行分析，可以根据不同的标签属性分为不同的社群。

以唐韵温泉为例，设置新用户标签属性可以考虑年龄，如 30 岁左右的女性作为宝妈可能会更倾向于获得与孩子有关的产品信息，而 50 岁左右的女性可能更倾向于获得关于养生方面的产品信息。

【随堂作业】根据收集到的新用户资料，分析其标签属性。

2. 社群定位

定位是社群发展的指挥棒，也是社群建立的第一步。社群定位好，也可以让入群的成员，特别是新入群的成员对其有一个准确的认知，提升对群的认同感等。

如完美日记，社群取名为小完子玩美研究所 AEKBA，对自己的社群的定位就是产品型社群，在群内推送产品信息，与用户之间完成互动。

唐韵温泉也可以借鉴完美日记的社群定位模式，确定自己的社群定位和社群类型。

【随堂作业】根据企业营销目标和新用户属性，确定自己的社群定位和社群类型。

（三）任务要领

1. 社群运营法则

唐兴通在《引爆社群：移动互联网时代的新 4C 法则》里，谈到 4C 法则，即在合适的场景（context）下，针对特定的社群（community），通过有传播力的内容（content）或话题，沿着社群网络结构进行人与人之间的连接，进而快速扩散和传播（connection），最终获得商业价值。

4C= 场景「context」+ 社群「community」+ 内容「content」+ 连接「connection」

（1）场景能让营销信息更加有效地深入人心。
（2）内容是一切营销传播的本质。
（3）营销要精准。
（4）社群核心是在"关系"链。

2. 社群运营技巧

为提高社群运营的成效，应该在日常的社群运营中做好以下几个方面的工作。社群运营技巧如图4-39所示。

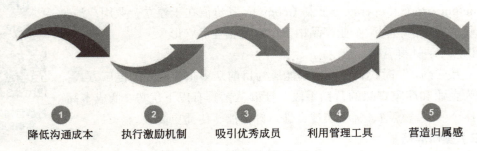

图4-39 社群运营技巧

（1）降低沟通成本。
（2）执行激励机制。
（3）不断吸引优秀社群成员。
（4）有效地利用社群管理工具。
（5）营造良好的归属感。

（四）任务流程

子任务三新用户分类建群操作流程如图4-40所示。

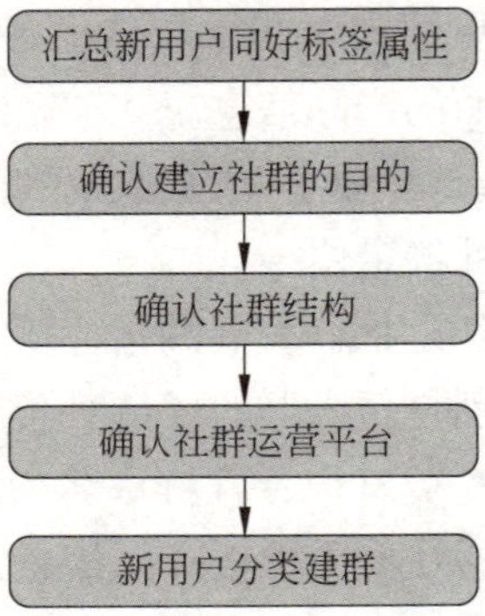

二、任务操作

操作要求：结合企业运营目标，根据新用户的标签属性，进行分类建群。

图4-40 子任务三新用户分类建群操作流程

步骤一：汇总新用户同好标签属性

在社交电商时代，社群已经成为一种常见的精准推广方式，而社群的用户群体一定有相同的属性标签，所以在营销中就可以根据同好作为推销点。

但其实每一个用户都会具备不同的标签属性，如果不加汇总分析，而是继续采用批量化的推广模式，可能不能完全满足不同用户的需求，推送的产品不能引起用户共鸣，特别是对于新用户，流失掉的概率就会增强。所以，就要求企业在掌握自身新用户基本信息的基础上，能够确认新用户的标签属性，找到同好点。

【人口属性标签】

标签1：_____ 标签2：_____ 标签3：_____

标签4：_____ 标签5：_____ 标签6：_____

标签7：_____ 标签8：_____ 标签9：_____

【行业偏好标签】

标签1：_____ 标签2：_____ 标签3：_____

标签4：_____ 标签5：_____ 标签6：_____

标签7：_____ 标签8：_____ 标签9：_____

【购物偏好标签】

标签1：_____ 标签2：_____ 标签3：_____

标签4：_____ 标签5：_____ 标签6：_____

标签7：_____ 标签8：_____ 标签9：_____

【用户行为标签】

标签1：_____ 标签2：_____ 标签3：_____

标签4：_____ 标签5：_____ 标签6：_____

标签7：_____ 标签8：_____ 标签9：_____

【用户需求标签】

标签1：_____ 标签2：_____ 标签3：_____

标签4：_____ 标签5：_____ 标签6：_____

标签7：_____ 标签8：_____ 标签9：_____

【其他标签】

标签1：_____ 标签2：_____ 标签3：_____

标签4：_____ 标签5：_____ 标签6：_____

标签7：_____ 标签8：_____ 标签9：_____

步骤二：确认建立社群的目的

明确目的，即建群动机，它是后续一切活动开展的初衷。做社群最怕的就是还没有想明白就风风火火地运营了。还没有想清楚到底能做什么的时候千万不要着急推广，事后要想改变社群的基调，那就难了。

目的1：_____

_____

_____

社群名称：_____

社群口号：_____

目的2：_____

_____

_____

社群名称：_____
社群口号：_____
目的3：_____
_____

社群名称：_____
社群口号：_____

步骤三：确认社群结构

俗话说"无规矩不成方圆"，一个社群想要长久地发展，就必须遵守相应的准则。在社群的结构方面，有两个主要组成部分，一个是"成员结构"，另一个是"社群规则"。

【成员结构】

□创建者

创建者1：_____ 创建者2：_____
创建者3：_____ 创建者4：_____
创建者5：_____ 创建者6：_____

□管理者

管理者1：_____ 管理者2：_____
管理者3：_____ 管理者4：_____
管理者5：_____ 管理者6：_____

□参与者

参与者1：_____ 参与者2：_____
参与者3：_____ 参与者4：_____
参与者5：_____ 参与者6：_____

□开拓者

开拓者1：_____ 开拓者2：_____
开拓者3：_____ 开拓者4：_____
开拓者5：_____ 开拓者6：_____

□分享者

分享者1：_____ 分享者2：_____
分享者3：_____ 分享者4：_____
分享者5：_____ 分享者6：_____

□合作者

合作者1：_____ 合作者2：_____
合作者3：_____ 合作者4：_____
合作者5：_____ 合作者6：_____

□付费者

付费者1：_____ 付费者2：_____
付费者3：_____ 付费者4：_____

付费者 5：_____　　　付费者 6：_____

【社群规则】

☐ 引入规则

规则 1：_____　规则 2：_____　规则 3：_____
规则 4：_____　规则 5：_____　规则 6：_____

☐ 入群规则

规则 1：_____　规则 2：_____　规则 3：_____
规则 4：_____　规则 5：_____　规则 6：_____

☐ 分享规则

规则 1：_____　规则 2：_____　规则 3：_____
规则 4：_____　规则 5：_____　规则 6：_____

☐ 交流规则

规则 1：_____　规则 2：_____　规则 3：_____
规则 4：_____　规则 5：_____　规则 6：_____

☐ 淘汰规则

规则 1：_____　规则 2：_____　规则 3：_____
规则 4：_____　规则 5：_____　规则 6：_____

☐ 其他规则

规则 1：_____　规则 2：_____　规则 3：_____
规则 4：_____　规则 5：_____　规则 6：_____

步骤四：确认社群运营平台

建立社群一定要选择一个运营平台，这个平台可以是论坛、QQ 群、微信群、YY 群，也可以是大规模开放在线课程（massive open online course，MOOC）学院，还可以是这些工具或平台的混合体。

平台 1：_____
理由：_____
_____

平台 2：_____
理由：_____
_____

平台 3：_____
理由：_____
_____

平台 4：_____
理由：_____
_____

步骤五：新用户分类建群

具有不同标签属性的用户，对企业产品的需求也各不相同，如果把这些新用户完全放在同一个社群内进行管理，可能会让新用户丧失对社群的归属感，因此就需要将新用户进行分类，把具有相同标签属性的新用户放在同一个社群中进行后续运营。

新用户建立1群：_____
_____

新用户建立2群：_____
_____

新用户建立3群：_____
_____

新用户建立4群：_____
_____

三、任务评价

子任务三新用户分类建群评价如表4-15所示。

表4-15　子任务三新用户分类建群评价

编号	任 务 名 称	分值	正确率/%	得分
1	汇总新用户同好标签属性	20		
2	确认建立社群的目的	20		
3	确认社群结构	20		
4	确认社群运营平台	20		
5	新用户分类建群	20		
	合　　计	100		

【任务拓展】小米案例

工作领域五

社群粉丝互动与管理

学习目标

1. 知识目标

（1）掌握打卡的具体操作运行机制。
（2）掌握新粉丝用户的需求特点和促留促活的运营措施。
（3）掌握老粉丝用户的需求痛点和促留促活的运营措施。
（4）掌握群机器人的功能与使用目的。
（5）掌握群机器人在社交电商维护与管理中的作用。
（6）理解社群客服的迎新、群公告等话术。
（7）了解社群客服的特征以及标准化回复粉丝。
（8）了解素材库建立的理念与重要性。

2. 技能目标

（1）能够设计一套社群打卡活动方案并合理设置奖励机制。
（2）能够根据新粉丝的需求设计促留促活的活动方案。
（3）能够针对老粉丝的需求痛点采取相应的运营措施。
（4）能够设计不同的线上线下活动提高社群的黏性与活跃度。
（5）能够选择并安装群机器人工具，设置群机器人的关键字回复、打卡奖励等。
（6）能够制定社群的迎新话术、群公告、群规则、群活动等，并能标准化话术回复客户。
（7）能够掌握社群客服的特征。
（8）能够在群内对粉丝提出的产品、下单、支付、物流等疑问进行标准话术解答，并跟进问题处理进度。
（9）能够创建并管理知识库，对垂直细分领域的专业知识、新技能、新知识进行持续收集整理。

3. 素养目标

（1）培养独立思考与分析的能力。
（2）培养破局意识。
（3）培养行业情怀与创业精神。

任务一　粉丝留存与活跃

任务情境

　　唐韵温泉酒店，经过一系列的推广裂变尝试，吸引了不少粉丝，通过各种手段引流到微信平台，并已拥有一定的粉丝群体。如何维护现有的粉丝群体，提高活跃度，成为当前亟须解决的问题。唐韵温泉希望能借助微信平台，建立粉丝社群，通过社群运营拓展销售渠道，让业绩再翻番！

1. 现状分析

（1）粉丝的数量仍在上升期。前期酒店通过小程序、第三方平台的推广活动，吸引了不少新老用户，目前，新粉丝的数量仍在增长中。同时酒店通过引流，在微信平台建立了2~3个粉丝群，而建立粉丝群的目的是为用户提供更好的服务，帮助销售产品，通过口碑营销，传播与打造唐韵温泉酒店的品牌价值，拓展知名度，拓展人脉，增长用户存量。

（2）用户较为精准。引流到粉丝群的用户较为精准，大部分用户都体验过酒店的服务，认可酒店的文化、品牌形象，二次复购率较高，有利于社群的运营。

2. 存在问题

（1）社群维护缺乏经验，粉丝群活跃度不高。虽然建立了2~3个粉丝群，但缺乏社群维护的经验，平时基本只发布酒店的促销信息，缺乏热度较高的话题，群内成员互动较少，没有领头羊，犹如一潭死水，激不起水花，甚至有退群的情况，因而面临粉丝流失的问题。

（2）粉丝群的维护没有找对方向。用户因为某种共同的属性而聚集在一起，但仅通过社群对产品功能、文化、品牌形象进行传播，而没有情感的维系，难以长远发展。建立了社群，就应树立运营的目标，无论是提高粉丝的质量还是增加用户的数量，都要设立阶段的目标。

3. 破局之法

（1）建立打卡机制，维持用户的黏性。健全的打卡机制是维持用户黏性的重要手段之一。运营者可以通过社群打卡活动观察用户的具体表现、了解整体运营情况，帮助筛选优质的用户，并不断优化与改进运营策略。

（2）注重新老粉丝的维护。社群营销是以用户为中心，以口碑为媒介的，所以一定要做好新老粉丝的维护，培养与目标用户之间的信任，塑造在他们心中的价值，提升粉丝的留存率与活跃度，从而达到提高复购率的目的。

（3）找到自身优势，输出社群价值。社群的价值是社群运营和营销的

唐韵温泉
优势分析

关键所在，如何向用户输出社群的价值，提升留存率，满足社群成员的期待，这是目前面临的问题。社群的价值并不是通过振奋人心的口号，也不是通过数次的话题互动就可以实现，而是需要一个长期的实物和内容价值支撑过程，看得见、摸得着、能感知生命力的存在，才能延长社群的生命周期。

子任务一　执行粉丝打卡机制

一、任务准备

（一）知识准备

知识点一：社群打卡的目的

社群打卡的目的主要包括：①让用户形成习惯，让用户知道习惯能够获得某种回报或好处，如"打卡有礼"，连续签到一定天数就能获得某种奖励，久而久之用户就会形成一种习惯，对社群产生一种微妙的依赖。②能随时掌握社群的活跃数据，了解社群的整体运营情况，及时调整运营策略。③帮助筛选客户，根据打卡签到的情况，对于活跃的群组或人员，后期可重点培养成核心用户，为以后社群管理和营销活动提供帮助。④提高用户黏性，一方面让用户在群里养成签到的习惯，另一方面可激发大家参与的积极性，在社群内部就会形成一种无形的竞争，从而提高用户的黏性，利于社群的促活和转化。

知识点二：打卡活动运营措施

（1）明确打卡的主题与形式。策划一个能让大家达成共识的打卡活动主题，打卡的形式可分为早起打卡、运动打卡、阅读打卡、任务打卡等。

（2）设置打卡的门槛。进群的门槛越高，不稳定因素越少，可根据打卡的目的与内容，设置相应门槛，起到初步筛选用户的作用，降低运营的人力和物力成本。打卡的门槛可以采用押金制、淘汰制、监督制、迭代制等形式。

（3）营造向上的社群氛围。运营者要树立榜样的作用，保质保量打卡，产生了相应的氛围才能带动所有人向前冲，借此激励更多的成员参与进来。

（4）制造惊喜、保持动力。适时给予奖励，不定期制造惊喜。如突然发一个大红包，或每个月社群活跃度前三名给予双倍积分或礼品等，强化大家的打卡情绪。

（5）扶持群 KOL 用户。KOL 在营销学上的含义就是关键意见领袖（key opinion leader, KOL）。有了 KOL 用户的加入，事半功倍，打卡活动能更持久，成效更好。

（6）建立情感连接。可多分享关于打卡的感人故事、积极回应群的问题、帮扶打卡困难的成员，举办一些经验分享会或线下活动、约定监督打卡等，让成员觉得打卡是一件很有温度的事情，建立情感连接。

知识点三：社群打卡运营分工

有明确的人员分工及规范化的管理措施，是社群稳步且可持续发展的基本保障。社群打卡运营分工主要包括：①运营架构，常见的架构有运营负责人、内容负责人、信息负责人等。②分工细则，根据不同领域和工作

打卡的门槛种类

强度适当分配人员。③高效组织,社群分工明确,内部协调,能及时对运营数据进行汇总、分析,根据用户的反馈与数据分析情况,不断改进运营措施。

(二)操作准备

(1)准备手机、互联网计算机,安装微信软件。

(2)分组,人员分工。

社群打卡人员分工如表 5-1 所示。

表 5-1 社群打卡人员分工

组　　名	
组　　长	
组　　员	

(三)任务要领

一般来说,打卡活动实施流程如图 5-1 所示。

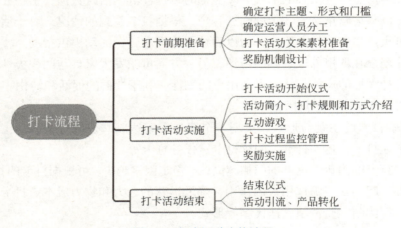

图 5-1 打卡活动实施流程

如何组织打卡,执行好打卡机制呢?下面给出一些建议。

(1)高效组织。

(2)合理分工。

(3)执勤人很重要。

(4)流程化。

(5)仪式感。

(6)巧用红包激活社群。

(7)突发情况公关处理。

(四)任务流程

执行粉丝打卡机制操作流程如图 5-2 所示。

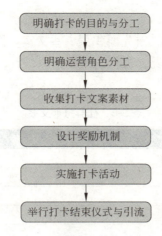

图 5-2　执行粉丝打卡机制操作流程

二、任务操作

操作要求：唐韵温泉为了更好地推广养生药疗方面的业务，建立了以养生为主题的社群。为提升社群粉丝活跃度，预热国庆节大促活动，计划开展"唐韵运动周"主题的打卡活动。结合唐韵温泉微信等粉丝社群的现状，策划并实施打卡活动。

步骤一：明确打卡的目的与分工

参照知识准备部分的内容，结合唐韵温泉酒店现有粉丝社群的现状，讨论并明确打卡目的、主题、形式和门槛。

打卡目的：_____
_____

打卡主题：_____
_____

打卡形式：_____
_____

打卡门槛：_____
_____

步骤二：明确运营角色分工

完成了步骤一，组员就可以具体分工，负责在打卡每个环节中的具体任务，并填写表 5-2。

表 5-2　社群运营角色分工

人　　员	具 体 分 工	负责的环节

步骤三：收集打卡文案素材

为保证打卡活动的顺利实施，首先要积累一些文案。作为新手，可以收集各个环节常见的文案素材，然后结合实际情况，进行二次创作。

社群打卡文案如表 5-3 所示。

表 5-3　社群打卡文案

打卡环节	打卡文案
活动预告	
群规	
打卡活动介绍	
打卡规则	
打卡模板	
打卡结束	

步骤四：设计奖励机制

坚持打卡对用户来说不是一件易事，因此要设计相应的激励机制。如活动开始前，对积极参与互动的应给予红包奖励，对在活动中坚持打卡达多少天的应给予相应的奖励等，这样既可以调动群的气氛，又能鼓励用户坚持打卡，提高用户黏性。

社群打卡奖励机制如表 5-4 所示。

表 5-4　社群打卡奖励机制

打卡环节	各环节的激励机制
打卡活动前	
打卡活动中	
打卡活动结束	

步骤五：实施打卡活动

以 1 天为单位，设计打卡活动日常维护实施规划表，合理规划具体时段发布的互动内容，注意切勿过多造成打扰。

打卡活动前，编辑活动预告文案。

（1）打卡活动预告。如设置群公告，说明本次活动打卡周期为 14 天，成员每天打卡时间为 22：00，每天坚持打卡的成员可获得 500 元唐韵温泉代金券。

设计活动预告文案：_____

（2）组织打卡活动。编辑打卡模板，提供一段以"姓名＋日期＋运动步数"的打卡模板，发布到唐韵运动打卡微信群。

设计打卡文案模板：_____

（3）与群内打卡用户互动。编写"表扬××用户已完成今日打卡"文案，发布到唐韵运动打卡微信群。

设计互动奖励文案模板：_____

（4）营造群内成员参加运动打卡的氛围。在唐韵运动打卡微信群内分享 3 张和运动相关的表情图片。

鼓励成员晒图的话术文案设计：_____
_____

步骤六：举行打卡结束仪式及引流

对整个打卡活动做个总结，设置颁奖仪式，颁发荣誉证书供成员转发炫耀，发布彩蛋和福利，引导转化等。

打卡结束仪式设计及引流方案设计：_____
_____
_____
_____

三、任务评价

子任务一执行粉丝打卡机制评价如表 5-5 所示。

表 5-5　子任务一执行粉丝打卡机制评价

编号	任务名称	分值	正确率/%	得分
1	明确打卡的目的与分工	10		
2	明确运营角色分工	10		
3	收集打卡文案素材	15		
4	设计奖励机制	15		
5	实施打卡活动	25		
6	举行打卡结束仪式及引流	25		
	合　计	100		

■ 子任务二　提升新粉丝留存率与活跃度

一、任务准备

（一）知识准备

知识点一：用户留存

留存，可以理解为用户的需求在产品内得到满足后而主动留下来继续使用产品的一种状态。在社群里，那些在一定时间内，能够持续活跃的用户，称为留存用户。留存用户占当时新增用户的比例，即为留存率，会按照每 1 个单位时间（如日、周、月）进行统计。

知识点二：用户的生命周期

从用户的生命周期来看，用户可以分为新用户、活跃用户、忠实用户3个阶段。用户在使用一款产品、进入某个社群，是有一定生命周期的，没有任何一样东西能让用户永远保持新鲜感与忠诚度，不同阶段的用户应该采取不同的运营策略。

不同用户循环图

知识点三：新粉丝用户分析

新粉丝用户的特征分析尤为关键。运营者可以通过分析，总结规律，及时调整与优化执行方案。新粉丝用户分析主要分为用户属性分析、用户痛点分析、用户特征分析，用户心理特征分析等。

新粉丝留存的关键

（1）用户属性分析：如年龄、性别、职业、收入等。

（2）用户痛点分析：即用户是基于什么原因加入社群，需要解决哪一方面的诉求。

（3）用户特征分析：对用户某些行为进行数据分析，如分享、评论、停留时长等。

（4）用户心理特征分析：对入群后的用户心理变化进行分析，如戒备心理、从众心理、旁观者心理等。

（二）操作准备

（1）准备能连通互联网的手机、计算机。

（2）用户话题资料收集，收集相关的话题案例，并分析别人是如何组织的。

_____
_____

（3）结合唐韵温泉用户的特点，列出5个适合用户需求的话题。

_____
_____

（三）任务要领

1. 新粉丝进群激活小技巧

（1）新用户进群，要及时采取激活措施。这一步非常关键，一旦进群后冷场、不说话，后面就更难在群里主动活跃了。可以设置"发自我介绍领福利"的必要条件，带动准客户发言。

（2）滚动发送活动规则和登记链接。这个要注意频率和气氛，可以使用群内报名接龙，让用户有全程在线参与的状态。人都是感性动物，有从众、图省事的心理，通过多人参与的状态可以打消消费者的疑虑。

（3）随机发红包。这个技巧屡试不爽，新人进群后或发布活动前，可以发小额的红包，变相引起用户的注意，也可以活跃气氛。

（4）利用小游戏活跃气氛。例如随机领取福袋、问答游戏、接龙游戏等。

2. 策划优质话题、提高活跃度

话题是吸引用户加入社群，并保证社群成员持续活跃的核心。一般来说，话题的讨论分为正式和非正式的讨论，具体流程如图5-3所示。

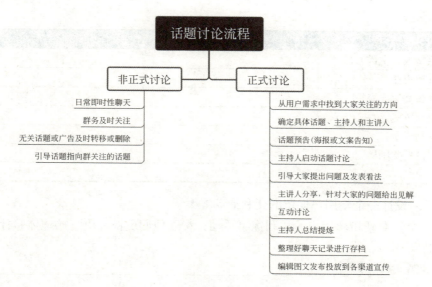

图 5-3　话题讨论流程

制造优质话题可以从以下 3 个方面考虑：①社群维度分类；②挖掘话题的深度；③评估话题质量。

（四）任务流程

子任务二提升新粉丝留存率与活跃度操作流程如图 5-4 所示。

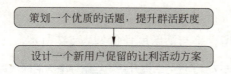

图 5-4　子任务二提升新粉丝留存率与活跃度操作流程

二、任务操作

操作要求：以唐韵温泉酒店社群为背景，针对新粉丝的需求，策划一个优质的话题和让利优惠活动，帮助他们更快地、更直接地体验社群的核心价值，借此提升新粉丝的留存率与活跃度。

步骤一：策划一个优质的话题，提升群活跃度

在操作准备中，已根据唐韵温泉用户的特点，列出了 5 个适合用户需求的话题，请选择其中一个话题进行具体的策划，并在社群活动中进行开展。

社群话题策划如表 5-6 所示。

表 5-6　社群话题策划

具 体 流 程	具 体 操 作
分析话题需求	
确定具体话题	

续表

具体流程	具体操作
确定话题主持人、主讲人员	
确定话题开展思路	
确定话题预告文案或海报	
确定话题启动方式	
设计话题互动环节	
参与话题讨论的奖励机制	
话题的结束总结	

步骤二：设计一个新用户促留的让利活动方案

设计一个针对新粉丝用户的让利优惠活动，帮助他们更快、更直接地体验社群的核心价值，促进留存率。

新粉丝需求假设：_____

让利优惠活动具体方案：_____

预期达到的效果：_____

三、任务评价

子任务二提升新粉丝留存率与活跃度评价如表 5-7 所示。

表 5-7　子任务二提升新粉丝留存率与活跃度评价

编号	任务名称	分值	正确率/%	得分
1	策划一个优质的话题，提升群活跃度	40		
2	设计一个新用户促留的让利活动方案	60		
	合　计	100		

■ 子任务三　提升社群价值

一、任务准备

（一）知识准备

知识点一：老用户流失原因

老用户流失的原因主要包括：①社群的发展不能满足用户需求。对老粉丝而言，用户的需求并不是一成不变的，当满足了初级的需求，就会有更高的需求，如果社群的发展没有满足用户不断变化的需求，用户的流失率就会大大增加，即用户缺乏了利益驱动力，对社群的黏性甚至活性降低。②模式老套、缺乏创新。用户已经熟悉或掌握套路，对用户来说缺乏吸引力，用户最终就会流失。③缺少互动话题，社群中用户互动需要有一个话题来代入，单调的价值输出，难以吸引用户的兴趣。④同类竞品的出现。竞品即竞争产品，也就是可以替代的产品，是用户流失的最主要原因。

马斯洛需求层次理论

知识点二：社群精细化运营方法

社群精细化运营方法主要包括：①对用户进行过滤和分层，筛选出高活跃用户、一般活跃用户和沉默用户，针对不同层次用户，可以给予差别化的奖励。②持续培养 KOL 核心用户，定期引入新人、培养新人，给社群带来新鲜的血液。③持续完善社群运营激励模式，针对不同用户层设计不同的激励。做好用户白描，了解用户被吸引的原因，个性化地推送一些优惠、关心的话题和内容。

唐韵温泉酒店分层方案

（二）操作准备

（1）准备能连通互联网的手机、计算机、网络等。
（2）思考：策划一场线下活动要具备哪些条件。

_____
_____

（三）任务要领

社群的运营一定是离不开社群活动的，因为社群活动可以促活社群人员，引爆社群氛围，那么如何才能做好社群活动呢？可以从以下 6 个方面考虑。

（1）明确活动目标。
（2）策划活动流程。
（3）筹备活动物料。
（4）确定活动场地。
（5）执行活动方案。
（6）进行复盘总结。

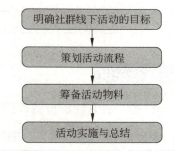

（四）任务流程

子任务三提升社群价值操作流程如图 5-5 所示。

图 5-5　子任务三提升社群价值操作流程

二、任务操作

操作要求：以唐韵温泉社群为背景，策划一个社群老粉丝留存与提升活跃度的线下活动。

步骤一：明确社群线下活动的目标

根据用户的需求，结合唐韵温泉现有的服务项目，确定本次活动的目标和意图要解决的痛点问题。

活动目标：_____

解决的痛点：_____
_____

步骤二：策划活动流程

确定了活动的目标和解决的痛点，以小组为单位，以唐韵温泉酒店为线下活动地点，制订一套具体的、可执行的策划方案，完善整个活动流程的设计，确保活动顺利进行。

活动主题：_____
活动时间：_____
活动地点：_____
邀请的嘉宾：_____
活动具体流程：_____
_____

活动的预期效果：_____
_____

活动的成本估算：_____
_____

步骤三：筹备活动物料

列举整个活动流程中所要用到的物资。
活动要准备的物料：_____
_____

步骤四：活动实施与总结

总结活动中做得好的地方，以及需要改进的地方，是否达成本次活动的目标。
活动总结：_____
_____

三、任务评价

子任务一提升社群价值评价如表 5-8 所示。

表 5-8　子任务一提升社群价值评价

编号	任务名称	分值	正确率/%	得分
1	明确社群线下活动的目标	20		
2	策划活动流程	30		
3	筹备活动物料	20		
4	活动实施与总结	30		
	合　计	100		

【任务拓展】小米社群营销案例分析

任务二　维护与管理社群

任务情境

唐韵温泉在社群维护与管理方面一直在做积极的尝试，并在传统的客户维护管理上探寻突破口。随着电商日益发展，唐韵温泉跟随市场的要求，初步尝试了社群营销模式，招聘了专业人士维护社群日常运营，借助公司举行的各类运营活动促进社群的维护与管理，以达到二次开发客户目的。

1. 现状分析

（1）使用社群工具运营还处于摸索期。唐韵温泉在传统营销上走的路很深，目前正处于转型改革期。传统营销主要通过广告宣传、报纸杂志、地推的方式进行，而新电商之路主要是互联网营销的世界。目前社群运营是有效的运营方式之一，而社群运营对于唐韵来说是一个新挑战、新机遇，还处于摸索期。

（2）社群客服的作用较为突出。引流到社群的用户，提的大多数问题，都是由社群客服回答，大部分用户都需要体验更好的酒店服务，客服对于社群日常运营的作用较为突出——引导客户需求，赢得客户信任，促使客户体验消费，再次保持客户的忠诚度，提高客户的满意度。

2. 存在问题

（1）社群运营缺乏工具，效率有待提高。虽然建立了2~3个微信群，但缺乏社群运营的经验，对于微信社群的有效利用不高，对于及时发布信息、群内活动公告规则不清晰，群内活动不能有效触达目标用户，缺乏有效的工具利用，社群的裂变速度比较慢。

（2）社群客服缺乏针对性，功能系统化有待整理。传统客服和社群客服有巨大差别，对于这种分享经济下的社群，客服的作用如果仅起通用作用，就失去了灵活性和针对性。社群客服需要掌握社群客服话术，把握应用场景，构建社群的核心价值，解决客户的痛点问题。

3. 破局之法

（1）重新选择合适的群机器人并安装使用。现有的客户资源在建立起有效的客户社群后，需要选择合适的群机器人解放双手，安装使用并设置好基本功能，提高社群管理效率。合理有效利用工具，能起到事半功倍的成效。

（2）重新设置社群客服话术，构建有效社群。收集垂直细分领域的社群知识，整理社群客服话术，掌握相关技能并持之以恒，这样，社群客服效率提高，新粉丝和老用户之间的矛盾缓解，粉丝群的情感黏性及老用户的忠诚度更好融合。对客户进行分类、整理、分析，构建有效的客户社群。社群群规、公告、活动做得好，就能维护和活跃用户群体，增加用户信任度，通过信任机制找到有效社群长期发展之路。重新设置社群客服话术，构建有效社群，建立健全社群机制是维持社群、运营社群的有效途径之一。

（3）建立话术、知识库。整理社群客服话术库，建立相应的话术知识库。通过查找相关的话术库进行回复，以提高工作效率，为客户解决问题提供方便快捷的方法，提升社群维护客服的形象，一般工作标准化，增强专业性的快速输出。

■ 子任务一　设置与使用群机器人

一、任务准备

（一）知识准备

知识点一：群机器人与群机器人的基本功能

群机器人是指在社交群体的圈子里，减少人工维护社群的精力和时间，用以提高企业社群运营的社群营销工具。社群维护与管理一般会用到社群管理工具、分享工具、调查投票工具等。

社群维护必备工具

群机器人基本功能在于，首先，根据关键词自动发送对应的回复语，减轻员工工作量。其次，自动踢出群内打广告、刷屏的客户，并将客户添加进群黑名单，无须员工时刻关注群聊。再次，群欢迎语功能，自动欢迎新人。最后，有群数据功能，统计群成员签到次数、发言次数、动态更新次数、邀请他人入群数等数据，清楚了解群内成员的活跃程度，精准找到核心粉丝。

以企业微信为例说明群机器人的功能

知识点二：群机器人的基本设置

社群管理机器人主要就是辅助运营人员打造一个快捷高效的群管理，减少不必要的劳动。尤其是社群内的活动，互动游戏，打卡机制，关键字回复的设置内容需要提前准备好。只要提前在后台设置好关键词及相关内容的回复，当群内有人触发关键词，助手会自动弹出设置好的内容，帮助及时回复群内消息，减少工作量。而且，该功能支持语音、图片、文字、链接、小程序5种形式的回复，内容非常人性化。

唐韵温泉关键词及话术图表

（二）操作准备

1. 社群定位

在开始设置群机器人之前，需要提前分析组建社群的目的，给社群做定位。因为社群一定是具备相同价值观的人，需要深入分析用户群体的特点和业务目标。例如唐韵温泉为帮其构建合理有效的社群，首先要了解客户属性，如客户群体的年龄段、性别属性、地域、兴趣等。其次要分析客户消费行为，如消费使用类别、消费活跃频率、消费者产品喜好、出行工具，其他同类旅游产品的消费习惯等。帮助企业明确构建社群用户画像及社群定位。

　　2. 选择合适合规的机器人并安装设置

　　可以收集更多的群机器人，设置社群的群名称、群规则、群公告等基本资料。

（三）任务要领

　　明确社群定位，选择合适的分析工具进行趋势分析、需求图谱分析、人群画像，从而明确社群定位。

　　1. 趋势分析

　　查询关键词的搜索指数、资讯指数和媒体指数，从趋势研究中可以发现关键词受关注度的变化趋势等信息。

　　2. 需求图谱分析

　　每个用户表达购买意愿，都会主动进行关键字搜索。每一次的搜索行为都可能成为该用户消费欲望与购买的诉求。通过搜索需要的分布信息，可以分析了解用户的聚焦点和客户的需求点。

　　3. 人群画像

　　人群画像包括地域分布、人群属性和兴趣分布3部分。通过地域分布可以了解用户的地域分布，并针对不同地区选择相应的运营和推广方式。人群属性可以通过用户的年龄、性别、兴趣分布等获得分布特点信息，从而为社群的定位打下坚实的基础。兴趣分布体现用户会对哪些领域感兴趣，从而有针对性地进行运营和推广。

（四）任务流程

　　子任务一设置和使用群机器人操作流程如图5-6所示。

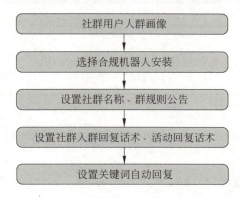

图5-6　子任务一设置和使用群机器人操作流程

二、任务操作

　　操作要求： 完成唐韵温泉用户群体画像分析，选择好机器人进行安装，然后设置群名称、群规则、群公告、入群回复、关键词回复及活动回复话术。

　　操作提示： 在操作的过程中，一是利用百度指数工具分析用户画像；二是找到合规机器人进行下载；三是做好社群群名称和公告的设置。

步骤一：社群用户人群画像

结合唐韵温泉酒店微信社群现状，讨论并明确分析社群用户画像的趋势指数、需求图谱及人群画像。

指数1：趋势指数。百度指数趋势研究如表5-9所示。

表5-9 百度指数趋势研究

指数	数 据 图	文 字 描 述	备 注
1.			
2.			
3.			

指数2：需求图谱。百度指数需求图谱如表5-10所示。

表5-10 百度指数需求图谱

图谱	数 据 图	文 字 描 述	备 注
1.			
2.			
3.			

指数3：人群画像。百度指数用户画像如表5-11所示。

表5-11 百度指数用户画像

人群属性	图 像 分 析	文 字 描 述
年龄		
性别		
地域		
其他		

步骤二：选择合规机器人进行安装

参照知识准备部分的内容，结合唐韵温泉酒店现有微信群的工具使用情况，选择合规的机器人安装。

社群机器人安装规格如表5-12所示。

表5-12 社群机器人

机器人工具	主 要 功 能	下 载 地 址

步骤三：设置群名称、群规则公告

参照知识准备部分的内容，结合唐韵温泉酒店微信群的现状，讨论并明确微信群名称和群公告。

【设置群名称】

根据用户偏好设置群名称：_____

_____

根据用户地域设置群名称：_____

_____

根据年龄阶段、用户角色设置群名称：_____

_____

根据其他元素设置群名称：_____

_____

【设置群公告】

群公告1：群规则_____

_____

群公告2：群活动预告_____

_____

步骤四：设置社群入群回复话术、活动回复话术

参照知识准备部分的内容，结合唐韵温泉酒店微信群的现状，讨论并设置社群入群回复话术、活动回复话术。

入群回复话术：_____

活动回复话术：_____

步骤五：设置关键词自动回复

添加关键词：_____

自动回复：_____

三、任务评价

子任务一设置和使用群机器人评价如表 5-13 所示。

表 5-13 子任务一设置和使用群机器人评价

编号	任 务 名 称	分 值	正确率/%	得 分
1	社群用户人群画像	20		
2	选择合规机器人安装	15		
3	设置群名称、群规则公告	25		
4	设置社群入群回复话术、活动回复话术	25		
5	设置关键词自动回复	15		
	合　　计	100		

子任务二　设置与使用社群客服话术

一、任务准备

（一）知识准备

知识点一：社群客服

社群客服并不只是在群里聊天，更重要的是能够在群内针对粉丝提出的产品、下单、支付、物流等问题进行标准话术解答，并跟进问题处理进度，能够做到活跃社群，提高粉丝的留存度。其日常工作是在微信社群或其他社群内每日进行产品推广群发，包括售前支持、售中追踪、售后服务3个阶段的服务。售前支持：通过在线客服介绍产品，引导客户达成交易，及时跟进订单，时刻关注自己的数据；售中追踪：客户订单的生成、相关信息的核对、物流的筛选、发货、物流追踪跟进；售后服务：客户反馈问题的处理，退换货处理、退款处理，评价跟进。

社群客服特征：更专注于体验式场景消费；门槛低，但成为高手难；基于信任机制，群友情感黏性很大。

知识点二：社群客服的价值

1. 提高工作效率

社群营销主要是依靠专业优质的内容输出形成流量入口，社群客服在其中建立了中心化的信任关系，在此信任机制下，依靠优质的服务或活动，沉淀出社群关系。提供和受众人群属性匹配度高的商品和服务，实现流量变现。

2. 缓解新老粉丝之间的矛盾

社会心理学中，"群体"形成的"群体偏爱"，让成员更易产生利他行为。利他又利己的行为，推动社群进一步发展群体感。在此过程中，新用户和老粉丝之间的凝聚力就会越来越强。

3. 社群客服能够回复各种疑问

社群客服回复疑问的具体内容详见右边的二维码。

社群客服
回复疑问

知识点三：社群三大阶段话术

第一阶段：迎新话术，主要告诉这个群是用来做什么的，这个群能给大家带来什么好处。同时配合一定的免单、新人福利和发红包等活动，让大家对这个群产生好感。第二阶段：留存粉丝的活动话术，因活动的不同，展开的话术都不一样，但是有规律可循，根据群的管理角色分类有不同的话术。第三阶段：活跃阶段，群存在和延续价值在于分享经济，通常表现在结尾。

社群三大
阶段话术

知识点四：社群话术的特征

社群话术主要有互动性强、情感黏性大、灵活、多样、便捷五大特征。商家与用户之间直接的沟通互动，决定了销售额的高低，社群话术互动性强这一特征属于显性特征；社群话术看重情感，因为在整个社群中，用户的情感黏性很强，社群用户的买单行为通常是从情感基础去建立，并维护客户成为朋友，然后基于情感信任机制为服务买单；社群中的话术不是一成不变的，需根据各自社群的特点来设置，灵活变通让更多的人加入社群；社群的多样存在决定了社群话术的多样性，从头到尾、从早到晚、从浅入深，方方面面地对社群的人员进行生活、思想、学习、情感上的话术植入，迁移自己社群的文化，默化用户的日常需求；通过社群话术设置，能够对一些重复的问题，进行简短有力的回复，节省了来来回回的时间，快速触达用户的痛点。

社群话术常见使用场景

知识点五：标准化回复

当客户提出问题时，需要解决客户的问题而总结出来的回复模式，按照回复的思路给予客户响应，引起客户关注，解决客户的痛点就是标准化回复的内涵。

标准化回复

（二）操作准备

（1）安装好常用的输入法。

（2）整理话术和对应的缩写或关键字，包括欢迎语、添加问询语、群公告、群规则及各类常见问题等。

【随堂作业】 根据唐韵温泉微信群的客户群体自定义欢迎语、添加问候语、群规则以及常见问题的关键字缩写。

（3）客户问题归类。社群客服在回复客户环节上首先要熟悉客户问题，并将其进行归类。

【随堂作业】 利用搜索引擎或网站平台对用户提出的问题进行归类分析，明确回复的关键词。

（4）针对任务，参考格式，撰写客服标准化回复内容。

【随堂作业】 收集温泉度假村类型的问题，对照格式撰写客服标准化回复的主要内容。

（三）任务要领

1. 熟悉社群话术使用场景

群员是通过社交网络实现裂变式传播，用户是购买者更是推广者。话术应场景而生，只有挖掘更多的使用场景，才会丰富社群话术的发展。

2. 熟悉话术的快捷键

当客服回复的速度跟不上问题出现的频率，只有熟记话术设置的快捷键，才能提高回复的速度和效率，让订单转化的可能性更高。

3. 熟记标准化回复格式并撰写回复内容

（1）熟记标准化回复格式。主动回复客户，能够有效引起客户的共感。如新人入群后的回复、咨询的回复、客户疑问的回复以及引导客户下单的回复都是经常遇到的情形，专业客服会熟记标准回复格式回复客户，能在短时间内抓住客户的心。

例如,"亲,您好,请问有什么可以帮到您?"就是咨询回复格式=微笑表情语气词+称呼+帮助话术。

(2)撰写回复内容。客户维护第一要点就是有效沟通,如何能做到高效回复客户提出来的问题,并解决客户的需求和痛点?熟悉场景化,用场景带出痛点,引起客户关注,满足客户的现实需求,从而解决客户的疑虑。

例如,客户提问:优惠活动有什么限期吗?在撰写回复内容时,根据客户担忧这个优惠活动是否有期限,需做精准回答。套用格式引导客户下单=解除疑惑+增加信任+转化语:"亲,您好,优惠活动现在还在进行哦,活动开始3天已经有1000多个客户下单了,到今晚8:00还可以进行满减活动,有什么疑惑可以随时找我们哦!谢谢!"

(四)任务流程

子任务二设置与使用社群客服话术操作流程如图5-7所示。

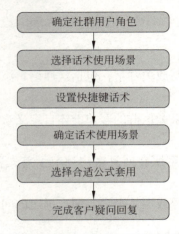

图5-7 子任务二设置与使用社群客服话术操作流程

二、任务操作

操作要求:以唐韵温泉酒店社群为背景,完成唐韵温泉社群标准化回复话术设置。

步骤一:确定社群用户角色

完成唐韵温泉的福利活动社群话术设置,主要是从管理者、销售者、社群客服三大角色进行设置。

参照知识准备部分的内容,结合唐韵温泉酒店现状,讨论并明确用思维导图,画出社群的角色扮演,明确角色职责,划分好社群的角色。

步骤二：选择话术使用场景

参照知识准备部分的内容，结合唐韵温泉酒店微信群的现状，列出五个社群话术常用场景，并选择一个擅长的场景设置话术，讨论并构建社群话术场景。

场景1：_____

场景2：_____

场景3：_____

场景4：_____

场景5：_____

场景使用话术：_____

_____

步骤三：设置快捷键话术

参照知识准备部分的内容，结合唐韵温泉酒店现有回复问题，讨论并明确设置话术短语，社群话术快捷键设置如表5-14所示。

表5-14　社群话术快捷键设置

快捷键	类　型	内　容
Nh	询问语	您好，请问有什么可以帮到您？

步骤四：确定话术使用场景

结合知识准备的内容，根据客户的提问，确定话术使用场景，先学会判断场景。社群话术场景如表5-15所示。

表5-15　社群话术场景

序　号	客户提问	判断场景
场景1	您好，酒店早餐时间是几点？	回复咨询的疑问，主要是产品的问题
场景2	价格上还有优惠吗？	回复价格的疑问，主要是_____
场景3	现在唐韵温泉有什么促销活动？	回复时间的疑问，主要是_____
场景4	购买了酒店产品如何支付？	回复支付的疑问，主要是_____
场景5	有什么过人之处？	回复产品的疑问，主要是

步骤五：选择合适公式套用

结合知识准备的内容，对于以上场景进行话术公式的套用。

场景1格式：您好，酒店早餐时间是7:00—9:30。

场景2格式：_____

场景3格式：_____

场景 4 格式：_____

场景 5 格式：_____

步骤六：完成客户疑问回复

为保证回复客户的有效性，对应格式写出相应的标准化回复内容。作为新手，可以在套用公式的基础上进行修正，丰富内容。

格式 1 回复的内容：_____

_____

格式 2 回复的内容：_____

_____

格式 3 回复的内容：_____

_____

格式 4 回复的内容：_____

_____

格式 5 回复的内容：_____

_____

三、任务评价

子任务二设置与使用社群客服话术评价如表 5-16 所示。

表 5-16　子任务二设置与使用社群客服话术评价

编号	任务名称	分值	正确率/%	得分
1	确定社群用户角色	15		
2	选择话术使用场景	15		
3	设置快捷键话术	15		
4	确定话术使用场景	15		
5	选择合适公式套用	20		
6	完成客户疑问回复	20		
	合计	100		

■ 子任务三　创建与管理知识库

一、任务准备

（一）知识准备

知识点一：知识库

知识库是对各种形式的知识按照一定的知识表示方法集中存放的数据库，具有强大的知识集成、分类、存储、发布、决策支持等功能。广义上包括产品资料、客户资料、市场资料等，且对相关领域的新闻数据、理论知识、事实数据、市场动态新闻等知识，都在其内容之内。

建立知识库的意义在于能有效地构建垂直细分领域的专业知识、新技能、新知识的资料，达到知识、经验、工作方式在同一场景时，参考知识库的方法解决问题。

知识库的表现形式主要有文本文件、表格、PPT、图片、文件夹等。

知识点二：垂直细分领域

垂直领域分为两部分：一是垂直；二是细分。垂直是指纵向延伸，而不是横向发展。细分则是在垂直行业板块里面，挑选主要的业务深度发展。基于知识本身的复杂性，建立科学的知识体系，才能保证知识库高效地利用。将知识库中的知识划分为客户管理工具类、营销功能类、行业资讯类、技能类四大类型，对专业知识、新技能、新知识不断进行补充。

（二）操作准备

1. 完成社群规划

结合唐韵温泉微信群运营现状，为其规划社群维护管理内容。

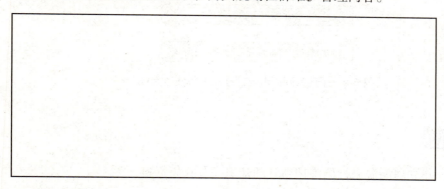

唐韵温泉社群规划

2. 素材库建立

可以收集更多的社群维护与管理的应用素材，如社群客服话术库、社群拉新手段大全、社群裂变工具、社群活跃与推广方案等。

素材库建立示例如图 5-8 所示。

图 5-8 素材库建立示例

（三）任务要领

明确社群维护与管理目的，需要持续更新收集信息，不断充实自己。社交电商很大程度上是社交、内容输出的问题，内容从哪里来？日益更新的时代，需要创作，必须有积累。

日常收集咨询，持续性地收集，内化知识，坚持创作才有"灵感"。通过3个路径的持续收集与创作，才会有优质的内容输出。一般来说，内容创作来源有3条路径。

路径一：自我灵感创建。

路径二：UGC的内容呈现转化。UGC（user-generated content，用户生产内容，也称UCC，即user-created content）是用户所提供的内容，例如一个网站所生成的页面和新闻等，就是用户所提供内容。

路径三：PGC的内容呈现转化。PGC（professionally-generated content，专业生产内容），也称PPC（professionally-produced content），指专业生产内容（视频网站）、专家生产内容（微博）。用来泛指内容个性化、视角多元化、传播民主化、社会关系虚拟化。

（四）任务流程

子任务四创建与管理知识库任务流程如图5-9所示。

图5-9 子任务四创建与管理知识库任务流程

二、任务操作

操作要求：建立唐韵温泉社群维护与管理知识库及收集资料。

步骤一：完成微信社群规划

在操作准备中，已根据唐韵温泉的现状建立多个微信社群，请选择合适的社群进行具体策划，并在社群活动中进行开展。

社群定位：_____

_____

_____

组员角色分工架构如图5-10所示。

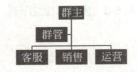

图5-10 组员角色分工架构

【组员角色及分工】

群主：_____
群管：_____
群众扮演：_____
运营规划：_____
第一阶段（×月×日至×月×日）：
社群宣传及引流（引流方式及组员分工情况，预期达到的效果）。
_____
_____
第二阶段（×月×日至×月×日）：
××社群活动（如拓展社群的活动、社群成员奖励机制等）确定执行方案并预测活动效果。
_____
_____
第三阶段（×月×日至×月×日）：
_____
_____

步骤二：建立各个阶段的素材库

养成良好的建立素材库的习惯，会对每个阶段的维护有着神来之笔的底气，分别从做表格、做档案、做备忘录、做笔记等形式做起。

素材库归类如表 5-17 所示。

表 5-17　素材库归类

第一阶段	文 件 名 称	存 放 路 径
1.		
2.		
3.		
4.		
第二阶段	文 件 名 称	存 放 路 径
1.		
2.		
3.		
4.		
第三阶段	文 件 名 称	存 放 路 径
1.		
2.		
3.		
4.		

步骤三：制定客户信息管理表

结合温泉酒店的微信群客户，建立客户信息表有利于对订单进行分析、追踪，维护客户的复购率。

客户信息管理如表 5-18 所示。

表 5-18　客户信息管理

序号	客户昵称	所在群名称	联系电话	入群方式	入群时间	购买商品	数量	成交金额

步骤四：设定定期收集垂直领域知识库计划表

经过分析，对垂直领域知识库做出细分的定期收集，有利于社群维护和运营。知识库整理如表 5-19 所示。

表 5-19　知识库整理

序号	时间	整理内容	细分领域	存放路径
1	30 分钟 / 上午	客户管理工具类		
2	30 分钟 / 下午	营销功能类		
3	30 分钟 / 晚上	垂直领域行业资讯类		
4	30 分钟 / 晚上	内容创作技能		

三、任务评价

子任务四创建与管理知识库评价如表 5-20 所示。

表 5-20　子任务四创建与管理知识库评价

编号	任务名称	分值	正确率 /%	得分
1	完成唐韵微信社群规划	25		
2	建立各个阶段的素材库	25		
3	制定客户信息管理表	25		
4	设定定期收集垂直领域知识库计划表	25		
	合　计	100		

【任务拓展】线下门店是否难以发展社群——营销改变之路